梦想北大丛书

圆梦北大

家长陪伴手记

北京大学招生办公室 组织编写

黄宗英 主编

北京大学出版社
PEKING UNIVERSITY PRESS

图书在版编目(CIP)数据

圆梦北大：家长陪伴手记/黄宗英主编. — 北京：北京大学出版社，2023.9
（梦想北大丛书）
ISBN 978-7-301-34338-8

Ⅰ.①圆… Ⅱ.①黄… Ⅲ.①家庭教育 Ⅳ.①G78

中国国家版本馆CIP数据核字（2023）第163431号

书　　　名	圆梦北大：家长陪伴手记	
	YUANMENG BEIDA：JIAZHANG PEIBAN SHOUJI	
著作责任者	黄宗英　主编	
责 任 编 辑	李　玥	
标 准 书 号	ISBN 978-7-301-34338-8	
出 版 发 行	北京大学出版社	
地　　　址	北京市海淀区成府路205号　100871	
网　　　址	http://www.pup.cn　　新浪微博：@北京大学出版社	
电 子 邮 箱	编辑部zyjy@pup.cn　总编室zpup@pup.cn	
电　　　话	邮购部010-62752015　发行部010-62750672　编辑部010-62704142	
印 刷 者	三河市北燕印装有限公司	
经 销 者	新华书店	
	650毫米×980毫米　16开本　14印张　195千字	
	2023年9月第1版　2024年4月第2次印刷	
定　　　价	56.00元	

编　委　会

序　言

　　大学是人类文明的灯塔。1898 年，北京大学的前身——京师大学堂成立于救国图存的变革中，标志着中国现代大学制度的诞生；一百多年前，北京大学成为新文化运动与五四运动的中心与策源地。从此，北大就与国家和民族的命运紧密相连。正如美国哈佛大学教授杜维明先生所说："作为文化中国的象征，其实北京大学早已成为了世界一流大学。因为世界上再也找不到任何一个国家的任何一所大学，能够像北京大学这样和国家、民族的命运结合得如此紧密，息息相关。北大对于中国的意义远远超过了哈佛之于美国、牛津与剑桥之于英国的意义。"一代代北大人不忘初心，牢记使命，用思想和行动投身于国家发展、民族复兴、社会进步的历史伟业。

　　一时有一时的趋向，一校有一校的风尚。无论时空如何变迁，对于一所大学而言，精神、文化和人格所构成的学校传统都是不变的。北大是极广大的，她开放包容，连接着民族的过去和未来，沟通着中国与世界，展现出海纳百川的气度。每个在此学习的青年都能找到适合自己发展的方向和路径，开辟出崭新的人生境界，书写出属于自己的北大传奇。建校一百多年来，北大在国家的独立和解放、民族的振兴和发展、科学技术的进步以及思想文化的创新中所起到的先锋和引领作用，使她的象征意义远远超出了一所为社会培养人才的高等学府，更作为中国知识分子的精神家园而独具一种让人魂牵梦萦的魅力。这种魅力每年吸引着全国高考选拔中脱颖而出的佼佼者，他们胸怀梦想，筑梦燕园，通过奋力拼搏，最终梦圆北大。

　　"梦想北大丛书"始于2008年，它收录的所有文章正是由这些即将踏入燕园寻梦的优秀高中毕业生及他们的家长所写。这些文章或畅谈自己的"筑梦之旅"，体现了莘莘学子对北大的热烈向往和不懈追求；或介绍自己独特的学习习惯和学习方法，展现自己的"超强学习力"；或介绍中学各个学科的学习思路、备考技巧、提分策略等，轻松实现学科进阶；或由这些学生的父母介绍自己倾情陪伴、身教言传的教养经验——孩子考上名校并非偶然，有心的父母才能教育出优秀的孩子。孩子们在文章中述说青春人生的积极感悟，求学道路上的种种艰辛。他们感恩父母，感恩老师，感恩眼前蓬勃的生活，感恩脚下丰厚的热土。这些文章稚嫩中饱含着真情，平实处又不乏精彩。家长们则在文章中尽情地传授各种成功的家教秘籍。

北大是筑梦之地，她能激发你的潜能，启发你的天赋，把你推向梦想实现的命运高峰。但大学对人的塑造绝不仅仅在于知识的传授，更在于文化的传承和精神的传递。北大不仅拥有顶尖的师资、众多一流的学科和美丽的校园，更拥有兼容并包、自由多元的校园文化氛围，她有能力为你的人格完善和个性发展提供最广阔的空间，帮助你成为一个有责任、有灵魂、有智识、有品格的人。

百余年来，北大历经风雨，但"爱国、进步、民主、科学"的传统从未因时光的磨砺而褪色。来到北大，每个人都会感到肩上多了一份沉甸甸的担子，那就是民族的振兴与国家的昌盛。在这里，民主与科学作为不熄的火炬，引领着同学们的学习与成长，也激励着同学们将它发扬光大，并传播开来，传递下去。

亲爱的同学们，美丽的燕园正盼望着你们的到来，盼望着你们自豪地接过这支火炬！

"梦想北大丛书"编委会

本书配套资源

我们搜集了一些当前家长们关心的教育热点问题，请北大家长们录制了相关视频。读者扫描右侧二维码，即可获取上述资源。

本书采用"一书一码"的形式，相关资源仅供一个人使用。

圆梦北大：家长陪伴手记
请刮开后扫描获取本书资源
本码2028年12月31日前有效

目 录

1 责任的边界 ·· 1

家庭成员责任清晰，家庭教育的意见高度统一，孩子不会无所适从，也不会出现在父母这里挨了批评，掉头就找老人撒娇的情况。所以，女儿从小很少无理取闹，也没有"熊孩子"的坏脾气。

2 "三无""三有"——我的家教体会 ··················· 9

有很多家长在孩子的初中阶段，事无巨细地包办代替，大事小事唠唠叨叨，监督做作业，报各种课外补习班，为孩子处理同学矛盾甚至师生矛盾，显示家长的保护欲和责任心。这样的"有为"家长，极有可能让孩子从心理到学业都表现出羸弱被动、不思进取、难以自立；更有甚者，厌倦学习，产生逆反情绪。

3 "羽毛球"成就的北大梦 ·········· 21

孩子自尊心强，又想考个好成绩，压力也是很大，但这是他成长的必经之路，我们家长能做的就是换位思考，解开他心里的疑问。

4 教育在细小入微处 ·········· 29

在女儿小的时候，我们从没有给女儿定过类似"必须考上北京大学"之类的目标，只是告诉孩子：每个人都应该有一个梦想，有了梦想我们就要去努力尝试；自己选择了的事情，就要坚持。

5 我们是如何把孩子培养成"北大人"的 ·········· 37

心理方面，引导她不要过分关注分数，不要在乎排名，而是把关注点和重心放在不会做的题、做错的题上；把不会做的题学会了，把做错的题找出错的原因、记在错题本上；对于排名，让她自己跟自己比，而不与别人比。

6 帮助孩子成为最好的自己 ·········· 45

我们会在孩子做完作业后，认真地把作业当作孩子的作品去欣赏。语文作业的字词书写，哪一个字写得漂亮，我们一定会用红笔把它圈起来以示表扬；哪怕某一个笔画写得漂亮，也会被单独圈起来给予鼓励。

7 我送女儿上北大 ·········· 63

高中三年班级学霸如林，女儿的学习压力自然很大，我和她的沟通就更多了。我会及时将一些励志和缓解压力的句、段、篇发给女儿，她也会及时摘抄最喜欢的，把它们贴在自己写字台前的墙壁上，时时警醒自己。

8 我与孩子共成长 ·········· 71

在幼儿园阶段，孩子不好的行为习惯要不厌其烦地去纠正；在小学阶段，孩子每天的作业完成情况，家长再忙都要翻阅检验；在中学阶段，每每遇到孩子心理的变化，家长尽可能地静下心来沟通疏导。

9 跨过现实的栅栏 ⋯⋯⋯⋯⋯⋯⋯⋯⋯⋯⋯ **79**

沟通也不要只局限于"大论题",不要动不动就谈学习。很多家长都比较"厉害",不管讲什么都能回到"学习"这个主题上来,谈话内容有且只有学习。设想一下,身边有一个人动不动就给你灌鸡汤,每天勉励你要好好工作、好好奋斗,你的感受如何呢?

10 分阶段按规律,培养出北大新人 ⋯⋯⋯⋯⋯ **99**

学习知识有一个从无到有、由少到多的积累过程,不是一天就能达到目标。小学有六年时间,给孩子的学习和成长留下了相当长的时间进行自我调整,一时落后不是输在起跑线上。家长要给孩子时间和空间学好基本知识,养成好习惯,为今后的学习打好基础。

11 着眼长远 无为而治 ⋯⋯⋯⋯⋯⋯⋯⋯⋯ **107**

每个孩子都是世界上独一无二的个体,千万不能使用一个标准来评价所有的孩子,别人家成功的教育方式可能并不适合自己家的孩子,千万不能因为孩子有一个方面不如别的小孩就大惊小怪,关键是要启发他、引导他"扬长避短,做更好的自己"。

12 用心呵护 静待花开——陪伴孩子成长心得体会 ⋯⋯⋯ **117**

积极阳光的父母和乐观向上的家庭对于培养孩子积极向上的人格和乐观豁达的品质至关重要。因此,我们家庭成员间相亲相爱、和睦相处、其乐融融,无论遇到什么困难,始终保持一种积极乐观的态度,洋溢满满的正能量,特别是我们不轻易在孩子面前抱怨,时刻为孩子提供一个温暖、宁静、祥和的心灵港湾。

13 教育孩子的四点体会 ⋯⋯⋯⋯⋯⋯⋯⋯⋯ **125**

开发儿童的智力是多方面的,最主要的是培养儿童良好的思维习惯。家长可以充分利用周末、节假日,与孩子一起进商店、逛公园、去树林,或者带孩子去有学习氛围的场所，引导他多方观察、多提问题，孩子的智力水平慢慢地就不断提高了。

14 一路伴成长，托举燕园梦 ·········· 135

在孩子小的时候，我常鼓励他绘声绘色地将书中内容唱出来或演出来。为了培养孩子的创造性思维，我们有时也会将书中的场景搬到生活中来，推陈出新或者加工改造，孩子也常常沉浸在书籍世界的悲欢离合中乐而忘忧。在阅读中汲取营养，孩子的见识和境界远超同龄人。

15 大手牵小手，一起往前走 ·········· 143

我选择和孩子一起阅读，要求孩子做到的，家长一定要做到。这一点家长做起来很不容易，但这是一个重要的原则。于是，每晚都有一段时间是全家人"充电"的时光：女儿在她的小书桌上专心学习，老公在卧室里上上网、浏览新闻，而我则在客厅里翻看报纸杂志，一家三口各忙各的，其乐融融。

16 孩子的成长离不开家庭教育——记孩子的成长之路 ······· 151

从孩子上学的第一天起，我就告诉他："放学后第一件事就是必须完成当天的作业，然后才能做其他事情。"并且我给孩子制定了完成作业的三条标准，那就是"三完"，即写完、自我检查完、疑难问题解决完。

17 成长是一首歌 ·········· 159

想要让孩子离开手机，家长自己首先必须远离手机。在孩子初中以来特别是高三阶段，我们卸载了最火的"抖音"等几个可获得短期快感的手机软件，除了和学习、工作相关的内容，从来不会为了一时欢愉沉浸在手机的世界，让它在不知不觉中偷走时间、消磨意志、摧毁向上的能量。

18 不"鸡娃"，孩子如何上北大？ ·········· 169

如果家长过分在意考试成绩和排名，孩子很容易焦虑，很多精力就消耗在这个焦虑上了。家长要放平心态，恰当地看待成绩和排名，不要看得过重。孩子考得好不必激动，考得不好也不必崩溃。父母尤其不可以表现得孩子考得好就爱孩子，考得不好就不爱孩子。

19 孩子的成长需要家庭教育 ·················· 179

家长在孩子面前不能无节制地使用电子产品。比如，自从孩子懂事以来，我们要求做到如下几点：第一，不能熬夜玩手机；第二，孩子在家自习、写作业时，电视机必须关掉；第三，休息时间孩子不能带手机进入卧室。这样长期坚持下来，孩子在家自习、写作业的时候就没有受到影响，也让孩子明白我们的良苦用心。

20 好风凭借力，扬帆正当时 ·················· 185

常和孩子聊聊天，不一定聊学习，不一定聊志愿，不一定聊选科，天南地北、稀奇古怪的都可以聊。孩子长大了，不要追求一次把天聊透，更不要追求一定要把他说服。你很有可能说不服他，相反他在某些方面很有可能比你懂得多、懂得深。聊天要注意技巧、要掌握火候，不要把天聊"死"了。无话可说或不愿与你说才是最可怕的。

21 我是怎样教育孩子的 ·················· 193

对于孩子的缺点，我们不跟他说大道理，因为说大道理了就会强化缺点；对于缺点宜弱化处理，能不提就不提，我们暗中设定一个目标，在一段时期内改变他的 1～2 个缺点，让他在不知不觉中改变。

22 正是仰望星空时 ·················· 203

平时，我们非常注重对孩子的时政教育，有意识培养他的家国情怀，让他在认真学习的同时，更要多关心天下大事，关心百姓疾苦，树立正确的人生方向和价值追求。

家长陪伴手记

责任的边界

👤 **执笔家长**：林　莉

📇 **家长职业**：大学教授

👤 **学生姓名**：何林锴

🎓 **录取院系**：经济学院

🏛 **毕业中学**：成都外国语学校

⭐ **获奖情况**：2016 年取得实用新型专利证书（多功能量角尺）

对我们来说，孩子的求学之路虽然没有山重水复、坎坎坷坷，但曲曲折折总是有的。锦官城的秋夜，牵挂的女儿在北方。窗外的小雨滴滴答答，更添思念，是一层秋雨一层凉的季节了。

意料中，你会去北京，因为考上北京的大学是你从小的志向。意料之外是你考进了北京大学，知道省排名的瞬间，你告诉我们，你一直一直想圆梦燕园，我才知道你努力奋斗的目标竟然是北大。亲戚朋友的祝贺纷至沓来，而你，已经手捧着一本《国富论》，开始了不停歇的学习。看着你面对录取结果的淡泊和那份笃定，我知道，你一步一步为这一天的到来做好了准备。

朋友们一直在问有什么好方法。作为一名老师，我深知每一个学生都是不一样的，因材施教才是正途。如果要说我们的家庭教育特点，应该是宽松的家庭氛围和清晰的责任边界。

责任是一个人成长的动力，但过多的责任或者越位的责任都会把人压垮。《易经》讲"正位凝命"，说的就是每个人都要摆正位置，凝聚力量，完成自身的使命。个人如此，家庭如此，社会如此，国家亦如此。

一、统一定调，和谐家庭

和朋友们聊起家庭教育的难题，很多人都会谈到代际教育的困惑。年轻人由于工作忙，孩子大多是爷爷奶奶或者外公外婆带。育儿观念的差异导致了家庭教育冲突不断。

从女儿降生开始，我们大家庭的每一个成员便各自肩负起了相应的责任，虽然没有商量，但却一直延续了下来。通情达理的爷爷奶奶外公外婆主管生活，且分工合作，交接班顺畅。爸爸妈妈负责家庭教育，尽量多陪伴孩子，做好习惯养成。因为责任清晰，所以极少有争吵的时候。奶奶和外婆极少在孩子养育、教育方面"指点江山"，也就避免了很多矛盾。家庭成员责任清晰，家庭教育的意见高度统一，孩子不会无所适从，也不会出现在父母这里挨了批评，掉头就找老人撒娇的情况。所以，女儿从小很少无理取闹，也没有"熊孩子"的坏脾气。

二、充分信任，培养自律

玛利亚·蒙台梭利说：如果我们认为教育是为了帮助儿童发展，那我们可能会发现，我们能做的只是站在一边，看着孩子的每一点新的进步，为他们感到高兴。是的，从上小学开始，我们开始选择放手。放手不是简单的不管不顾，而是充分的信任与尊重。从小，协商解决就是我们母女之间的沟通方式。不管是生活方面还是学习方面，我们给予女儿充分的自主。从文具的款式、参考书的购买，到周末的菜谱、假期的旅游，我们都在尊重的前提下协商解决。面对孩子身上的小毛病，为了不简单粗暴，我成了"故事大王"，把问题编进故事中，孩子的小缺点、小毛病都在小动物的身上反映，每次都能起到很好的教育效果。为了锻炼女儿的自理能力，外出旅游时，我当起了"甩手掌柜"，从行李的打包、打印登机牌到托运行李，我一律放心让女儿完成。

印象中关于自律有两件事情。一个是女儿小时候特别喜欢画画，甚至想在墙上涂鸦。我们不宠溺不打压，而是选择了一面客厅的墙壁，告诉女儿，这是她的专属绘画墙，怎么画随便自己，但是，其他墙面不能涂鸦。女儿严格遵守，所有的"大作"都在一面墙上。还有一个是我看了乔辛·迪·波沙达的《孩子，先别急着吃棉花糖》，回家拿女儿做了实验。我发现不论是巧克力还是薯片，她都能按照事先约定的数量管理，每天说好吃一块巧克力就不会多吃，让我佩服得很。

还有一个定格在脑海中的画面。从小女儿的书包就自己背，自己的事情自己做。初一军训结束，家长们都去学校接孩子，我至今难忘女儿的身影。瘦瘦的小人儿，腰身弯着往前走，自己背着大书包，左手拖着行李箱和被褥，右手提着水桶、水瓶和洗脸盆，我远远看着她走在一群帮孩子提东西的家长中间，走在一群空手走路的同学中间。我冲上去想帮一把，她看着我笑笑说："妈妈，我能行。"

三、尊重选择，共同成长

尊重选择，尊重孩子的选择。从小，家庭假期出行计划都由女儿决定。记得一年级时，女儿说寒假要去北京，我们真的去了北京，而且按照课文里的描述，参观了天安门、故宫，还去了颐和园和北海公园，大冬天的还去爬了长城。上四年级时，女儿又安排要去北京，这次是冲着鸟巢、水立方、科技馆去的。我们用了整整两天时间在科技馆徜徉，我没有抱怨，更没有劝说，看着女儿兴奋的笑脸，我安心做一个"大龄科普对象"。

转眼迎来了高中生涯。因为初中物理优异而被录取到物理竞赛班的女儿，在上了半年的理科后提出要转文科。这无疑让我们大跌眼镜。班主任老师分析了女儿的情况，认为她还是有很好的理科基础，于是，与她开始了谈话。毕竟，女儿的理科成绩并不差，竞赛班的师资是全校最好的阵容。爸爸开始犹豫，加入了说服女儿的行列。但女儿的一句话让我下定决心支持她的决定。她说，文科的思维方式更让她着迷。于是我们约定，如果期末考试成绩不错，那妈妈就同意转文科，我们转文科不是因为打了败仗，而是因为喜欢。最后，女儿如愿转到了文科，开始了比别人晚一个学期的文科学习。

上高中了，孩子的"成绩""排名"往往是家长们心头一根紧绷的弦。在我们的共识里，学习始终是女儿自己的责任。从小时候自己检查作业，自己录音听写，到高中时自己安排学习。虽然也有被女儿分数的起起伏伏吓一跳的时候，但是我们总体比较淡定。女儿也是在每次考试后坦然地告诉我们分数和排名，同时叽里呱啦说一通丢分的原因。特别感谢成都外国语学校2017级17班的七位老师，语数外政史地加上体育，七位老师同心协力，在繁忙的高三，陪伴着孩子们向自己的目标发起一次次冲击。

女儿长大了，懂得了"要把小我融入大我"，懂得了"帮助他人的同时也帮助了自己"。在高考冲刺阶段，女儿肩负起了保送同学离校后空缺的历史课代表和数学课代表的责任，成为老师的好助手，成为为同学们答疑的热心人。不仅如此，女儿还关心着我这个妈妈的工作。作为一个文科生，女儿时刻关注着国际国内形势，一看到很好的案例或素材，她会转给我作为我上"面试礼仪"或"形势与政策"课的补充。我也会向她反馈这些案例的课堂教学效果。看到女儿的成长，我由衷高兴。因为多年的高校教师生涯告诉我，成人比成绩重要，学习成绩好与工作能力强不能画等号，一个品德高尚的孩子比超级学霸更可贵。

四、再迎挑战，责任在肩

最好的生活方式是和一群志同道合的人，一起奔跑在实现理想的路上，回头看有一路的故事，抬头看有清晰的远方。初入燕园，来不及好好看看未名湖和博雅塔，军训之后的2020级学生转身投入了紧张的学习。

责任感是衡量一个人综合素质的重要指标。"穷则独善其身，达则兼善天下"是孟子对责任的诠释。"立学中华，语通世界"是女儿母校对莘莘学子的嘱托。"为中华之崛起而读书"是周恩来总理少年时明确的志向。习近平总书记说："广大青年既是追梦者，也是圆梦人。"在女儿接到录取通知书后，我与女儿有了一段对话。大学学习，不能以兴趣为主，而应该以责任为先。不能做任性的后浪，而要做国家需要的"经世济民"之才。

北大经济学院院长董志勇教授说：我们有幸成长在一个伟大的时代。我们也不应辜负这个伟大的时代。北大经济学院将带领学子们去回应和叩问新时代提出的新命题，去书写和讲述中国发展的新故事。

未来是我们难以想象的。我们会默默地守候，守着责任的边界，看这棵小树枝繁、叶茂、开花、结果。

TIPS

● 家庭成员责任清晰，家庭教育的意见高度统一，孩子不会无所适从，也不会出现在父母这里挨了批评，掉头就找老人撒娇的情况。所以，女儿从小很少无理取闹，也没有"熊孩子"的坏脾气。

● 面对孩子身上的小毛病，为了不简单粗暴，我成了"故事大王"，把问题编进故事中，孩子的小缺点、小毛病都在小动物的身上反映，每次都能起到很好的教育效果。

● 上高中了，孩子的"成绩""排名"往往是家长们心头一根紧绷的弦。在我们的共识里，学习始终是女儿自己的责任。从小时候自己检查作业，自己录音听写，到高中时自己安排学习。虽然也有被女儿分数的起起伏伏吓一跳的时候，但是我们总体比较淡定。

家长陪伴手记

2

"三无""三有"——我的家教体会

执笔家长： 李喜凤

家长职业： 中学教师

学生姓名： 柳欣然

录取院系： 中国语言文学系

毕业中学： 内蒙古五原县第一中学

获奖信息： 第十八届"叶圣陶杯"全国中学生新作文大赛（决赛）

二等奖

我是一名从教30余年的中学英语老师，女儿柳欣然被北大录取，在我们这个边陲小镇着实轰动一时。这填补了内蒙古五原县30多年无清北的空白。很多人问我是怎样培养孩子的。在此分享一些家教心得，供大家参考。

在女儿的成长过程中，我确实不断地摸索并尝试过一些行之有效的教育方法。在女儿不满一岁时，我接触了一本早教书《冯德全的早教革命》，对孩子进行过早教，所以孩子识字早，两岁半左右就能独立阅读。这也为后来的教育奠定了很好的基础。

下面我归纳了三条我个人的家教做法：无意有心、无为有道、无知有智，在此分享给大家。

一、无意有心

教育学和心理学告诉我们，儿童的无意注意和无意识记占优势，对自己感兴趣的东西记得牢、记得快。比如，孩子无意中每天听的电视广告，往往熟读如流。因此，充分利用孩子的无意识记，有意地利用甚至开发恰当的情境，教给她一些知识、常识或者道理。

事例一：

孩子小时候，特别盼望圣诞节，因为妈妈说，圣诞老人会在半夜从烟囱里偷偷进来，给好孩子送来想要的礼物。可是，我告诉孩子，你想要什么礼物，需要给圣诞老人写信。那时候孩子还没上学，虽然识字量很大，可是不会写。于是，我就以这个为契机，开始让孩子学写字。我们并没有采用传统学校教育的横竖撇捺法，而是利用整体识记法开始教孩子学写字。孩子用柔弱的小手，稚嫩的笔迹，写下了歪歪扭扭的第一封信。然后，我领着孩子去邮局，买信封、邮票，写上"寄往北极，圣诞老人收"。交给邮局的阿姨后，我再偷偷取回来。这个习惯一直坚持到孩子上了小学四年级，她都深信不疑，因为每年都能收到圣诞老人的礼物。孩子不但学会了写信，而且特别乖巧懂事，因为圣诞老人只给好孩子送礼物。有一年圣诞节，我太忙了，忘了给孩子包礼物。第二天一大早，孩子哭着说："妈妈，圣诞老人为啥没有给我送来礼物？我不是好孩子吗？"我说："你再好好找找，说不定在客厅或者阳台上。"我赶紧起床，用最快的速度，把礼物简单包起来，偷偷放在橱柜里，然后喊道："闺女，礼物在这儿呢！"但是，不小心被闺女发现了圣诞老人送的巧克力和我包里的是一样的。从此以后，她就再没有写过圣诞信了。

但是，我又采取了别的办法。那时候我因为声带长了小结，医生不让我多说话，因此，我就告诉闺女，以后妈妈跟你说的话，会写在纸条上，所以你要认识更多的字，然后读给妈妈听。而且妈妈有课的时候，你们需要什么，要给妈妈留言。从此以后，我们又开始了一段时间的纸条交流。我去上班，闺女还睡着，我给闺女的留言都是英汉双语，就这样，不知不觉，闺女无意中认识了很多英语单词。闺女也因为经常给我写留言条，学会了很多语言表达。再后来，在孩子小学高年级的时候，每次考试，我必定给孩子写加油字条，因为是写给孩子的，所以我从来不用连笔字，都是工工整整、一笔一画地写，这也是为了鼓励孩子写字工整。所以，虽然闺女没有专门上过书法课，书写还是很不错的。

事例二：

对于孩子的英语教育，除了学前认识过字母之外，仍旧是利用无意识记。在事例一中的留言条中，我有意使用英汉夹杂的方式，让孩子通过无意注意去识记单词。此外，在日常生活中，也尽量使用英汉双语。比如下班回家，我每天都会说"What time did you get up？""Did you have apples？""Brush your teeth，please.""Turn on the light！"等日常用语。慢慢地，孩子基本能无障碍地听懂日常英语会话，甚至听懂英语故事。我曾经找遍全部报纸杂志的目录，终于找到一个发行量很小的幼儿英语报纸，全部都是英语看图故事，每天"对牛弹琴"式地给她讲故事，然后在恰当的时机复现故事中的句子。有一次，我领着女儿沿着义和渠去学校，一边走一边用英语给她讲一个3岁的小孩不慎落水溺死的真实事件，顺便用英语说："You should be careful when you play near the river."讲着讲着，闺女突然哭了，她说："妈妈你别说了，吓死人了！"说明闺女听懂了这个故事。

所有这些做法都秉承一个理念：教在有心，学在无意；看似无意，实则有心。这些"教者有心，听者无意"的做法，都需要时时留意，处处留心，善于发现和创设有教育氛围的情境，在这些情境中，隐含着教学与教育的内容，慢慢地由量变导致质变。等到孩子上学以后，因为有学前大量的铺垫，孩子的识字量大、理解能力强，所以，我从来都不用给孩子批改作业、考生词等。我尝试的这些家教做法，完全异于传统语言教学的套路，无体系，不强迫，随意自在，无拘无束。因为我是文科老师，所以在理科方面，没有给孩子设计无意学习的情境。相对而言，孩子对文科知识的领悟能力优于理科。

二、无为有道

上了初中以后，科目增多，难度加大，学习时间延长，孩子的自我意识和独立意识也增强，所以，需要因势利导，顺势而为。既不能包办代替，操之过急，又不能不闻不问，听之任之。有很多家长在孩子的初中阶段，事无巨细地包办代替，大事小事唠唠叨叨，监督做作业，报各种课外补习班，为孩子处理同学矛盾甚至师生矛盾，显示家长的保护欲和责任心。这样的"有为"家长，极有可能让孩子从心理到学业都表现出羸弱被动、不思进取、难以自立；更有甚者，厌倦学习，产生逆反情绪。相反，有的家长经常陪伴孩子玩耍，不轻易干涉孩子的学习，不焦虑，不责备，顺其自然，适可而止，结果孩子的成绩出色，心理也健康。如果我们在陪伴孩子成长的过程中，总是掺杂自己的私心，总想控制孩子，缺少对一个不断成长的生命的敬畏和尊重，成为专制的父母；或以爱的名义，咄咄逼人的态度，尖酸刻薄的语气，盛气凌人的架势，讽刺批评甚至要挟孩子，伤害孩子的自尊、自信，久而久之，孩子不断觉醒的灵魂就会寻求独立和自由，求而不得就会抗争，这就是青春的叛逆。我觉得，父母应该是孩子烦躁时的一阵清风，忧郁时的一缕阳光。别人抬高孩子时，我们应该压着他；别人贬低孩子时，我们应该抬高他。

事例三：

闺女上了初中之后，已经具备了良好的学习习惯和学习品质。因为从小学一年级假期开始，我就指导闺女制订详细的假期学习计划，具体到某月某日某时。从此以后，闺女雷打不动地坚持执行自己的每日学习计划，并不折不扣地完成。因为这样的严格自律，她在学校就基本完成了每天的学习任务和计划。为了确保自己的在校学习效率，她经常会在课堂上"一心二用"，而不是拘泥于老师的节奏。这样她就有更多的时间去提前学习，或者深入学习。对于闺女的这种"一心二用"的学习方式，有的老师不赞成，觉得有可能导致孩子基础知识不扎实或者不能构建系统的知识体系。当老师跟我说的时候，我没有强行干涉，因为闺女说："妈妈你别管了，我自己有自己的计划。"我自然乐于"无为而治"，所以开玩笑地建议闺女："一心二用的时候要眼观六路耳听八方，随时注意老师的'火眼金睛'。"后来在高中阶段，闺女依旧保持自己的学习方式。所不同的是，睿智的班主任杨德凤老师，非常支持闺女的学习方式，建议闺女根据课堂知识的难易度，灵活确定是否"一心二用"。

因为闺女在学校的自律，所以她回到家基本很少学习，不是在看电视，就是在看课外书。孩子爸爸总是说"一山还比一山高"，让她回家继续学，但我依旧坚持"无为而治"，没有给她施加压力，让她自己安排学习进度。所以，初中三年，闺女因为时间管理得好，看上去学习非常轻松，没有上过任何课外辅导班，晚上9：30—10：00左右准时睡觉。即使在紧张的中考复习阶段，她的学习时间也没有超过晚上8：30，保证了充足的睡眠时间。青少年挤占睡眠时间用来学习，我是不赞成的。在我看来，健康的身体比学习更重要。

事例四：

闺女不上补习班，我就用各种各样的有意义的活动丰富她的课外生活，以开阔眼界、锻炼口才，培养组织能力和其他的综合素质。闺女参加过演讲、朗诵比赛，主持过全县中小学生运动会，参加过歌咏比赛，从小练习钢琴并过了十级。在高中阶段，她作为金葵诗社社长，主持了诗词大赛，之后获得了"叶圣陶杯"全国中学生新作文大赛（决赛）二等奖等。参加这些课外活动，闺女经常因为排练而误课。为了不耽误学习，每次排练之前，闺女总是提前去找到相关科目的老师，问清楚排练期间要学哪些章节，然后挤出时间自学，最终，闺女既参加了各项文艺比赛，又取得了优异的学业成绩。参加课外活动不但没有影响闺女的学习，反而让她学会了未雨绸缪。这对她未来的生活和工作，何尝不是一种历练？在她长大成人后，面对工作家庭、纷繁复杂的人际交往，也一定能够安排得有条不紊。这些才艺，何尝不是对她自律的"奖赏"，让千篇一律的课堂学习，更加丰富多彩。因为课上课下的时间管理，因为自律与坚持，孩子才不至于在日益繁忙的学业中焦头烂额。

通过这些事例，我想说的是：把学习的决定权和主动权交给孩子，我们做倾听者、建议者、扶持者，甚至旁观者；让孩子自己去体验成长中的成就感、满足感，甚至失落感、挫败感，等等。

作为家长，我们确实要为孩子的健康和成长负责，但是不能"用力"过猛，更不能溺爱娇纵孩子，否则孩子很容易失去自己做决定的能力。著名教育家魏书生曾经分享过自己的家教经历：他和儿子出门的时候，如果有一个包，儿子抢过去拎，不让他动手；如果有两个包，儿子一手拎一个；如果有三个包，儿子背起一个，左手一个，右手一个，在前面走着。他自豪地跟在后边，空着手，欣赏儿子的成熟。我很认同这样的教子理念，让孩子学会自立，学会承担责任，小时候懂得心疼父母，长大后自然会关爱社会、热爱国家。小时候，给闺女煮鸡蛋吃，我总是跟闺女说：给妈妈分一半。其实我并不想吃鸡蛋，这样做，就是为了避免孩子吃独食。孩子爸爸不在家的时候，闺女一放学，就帮忙做午饭或者收拾家。做家务可以让孩子懂得心疼父母。从小开始，不管是学习还是生活，逐步培养孩子做一个有主见、有决断的人，听从自己内心的声音，不随波逐流，不人云亦云。放手让孩子慢慢学会自己做决定，但不是放任自流。我们可以帮助孩子分析、判断，然后作出正确的决策。

无为不是不作为，而是不过度干涉。没有规矩不成方圆，所以也不能任由孩子妄为。闺女虽然学习成绩优秀，但是我对她也有过惩戒教育。初二时候，因为独霸衣柜晾衣架，我惩罚过她。高三最紧张的冲刺阶段，她放学回家太晚，我因为心急喊了一句"不知道早点回家，让妈妈担心"。她当时可能因为数学题解不出来心里烦躁，跟我顶嘴抬杠，出言不逊，我惩罚她不吃午饭，自我反省……父母给孩子的爱是要有底线的，如果触碰了底线，就要严惩。孩子对父母和老师如果没有敬畏之心，是不会有真正的尊重的。

第三：无知有智

我个人愚见：父母的家教应由强变弱，呈下降趋势；孩子的自我教育应由弱变强，呈上升趋势。孩子一天天地长大，而我们做父母的却一天天地老去。所以，在孩子小时候，我们应尽心竭力地呵护养育孩子，牵肠挂肚，殚精竭虑。随着孩子长大，我们应该慢慢学会放手，甚至学会"让位"，给他们自己做决定的权利和自由，因为我们"无知"，孩子就必须"有知"。

闺女上初中以后，跟同学之间产生矛盾，班级工作和学习有冲突时，我都会给她一些建议。但是闺女念哪所高中，学文科还是理科，考大学时选专业等重大决定，都是孩子自己作出的选择，我从来没有干涉。闺女也会征求我的意见，我告诉闺女：妈妈不懂，你去咨询一下老师们（当然我提前跟老师们交流过了）。在高中阶段，科目增多，难度加大，但凡闺女问我问题，除了英语，我基本上告诉孩子：妈妈不会，你自己想办法。偶尔我询问一下弱科的情况，闺女会说：我自己知道怎么做，你别管了。孩子能够清楚地知道自己想要什么、怎么做，说明她有能力为自己负责，做父母的何必要越俎代庖呢？魏书生说，家庭中最好的教育就是"不教育"，孩子自己能做的事一定要让他自己做，培养孩子的自主能力和责任心。当然，表面上的不闻不问并不意味着不管不顾。对于孩子的身心健康，做母亲的责无旁贷。这20年来，孩子一日三餐的营养搭配，尤其是早点，极少有随便凑合的时候。此外，要保证孩子的睡眠，即使是高三冲刺阶段，我都是在孩子熄灯以后，才去睡觉，不允许她熬夜学习。孩子在学习过程中，因为压力大，也出现过偏执、焦虑、急躁的情况，但是我极少苦口婆心地劝说疏导，而是等待孩子自己化解，等待恰当的时机。孩子如果需要帮助，她会自己求助。

所以，我觉得，随着孩子的成长，我们做父母的应该学会逐步放手。小时候，孩子跟我们学习；孩子长大了，我们应该向孩子学习。孩子的一切都是向上的、新鲜的、有趣的，而我们很多家长却是落伍的、守旧的、顽固的，甚至故步自封的。即使是有文化、有见识的家长，在孩子面前，也不妨做一个"无知"的家长。

在高三冲刺阶段，孩子的班主任杨德凤老师让每位家长给孩子写一封信。我给孩子写的信，几乎全部都是孩子对我的影响，而不是我对她的期望。我想让孩子明白：妈妈是你的粉丝，你是家庭的导航。因为你的努力，你的人生、你的亲人、你的母校、你的家乡，甚至社会和国家都会以你为荣！孩子的责任心和社会使命感油然而生！所以，随着孩子的长大，我们"退居二线"吧，做一个"无知的家长"，没有什么不放心的，世界终究是年轻人的！让孩子有机会自己做决定。只要不是原则性问题和安全健康问题，我们都可以试着逐步放手。比如，让孩子有自己的小空间，自己管理自己的零花钱，但是要约定如果乱花钱，就收回权利。再如，孩子可以玩手机，但是手机不可以进卧室，玩耍时间不得超过半小时，否则收回。"无知而有智"的家长，从小培养孩子的独立自主，自己做决定，才能激发孩子的求知欲和责任心，让孩子练就坚实的翅膀，在未来的天空自由翱翔，长大后才有可能掌控自己的人生。如果家长事事包办，孩子必然是"应声虫""墙头草""小木偶"，在家长的庇护下坐享其成、胆怯懦弱，没有主见和责任心。但是，培养孩子自主能力，要遵循"渐进"和"分寸"这两个原则，既不能谨小慎微，也不能放任自流。

最后我想说，不同的孩子教育的方式不同，因材施教是亘古不变的教育真理。但不管什么样的孩子，我觉得我们都要遵循五个原则：爱、尊重、赏识、放手和发展。爱而不溺，尊而不娇，赞而不伪，放而不任，孩子才有可能发展成长为一个独立自主、身心健康、有能力、有家国情怀和有社会责任感的有用之才。

 TIPS

● 教育学和心理学告诉我们，儿童的无意注意和无意识记占优势，对自己感兴趣的东西记得牢、记得快。比如，孩子无意中每天听的电视广告，往往熟读如流。因此，充分利用孩子的无意识记，有意地利用甚至开发恰当的情境，教给她一些知识、常识或者道理。

● 有很多家长在孩子的初中阶段，事无巨细地包办代替，大事小事唠唠叨叨，监督做作业，报各种课外补习班，为孩子处理同学矛盾甚至师生矛盾，显示家长的保护欲和责任心。这样的"有为"家长，极有可能让孩子从心理到学业都表现出羸弱被动、不思进取、难以自立；更有甚者，厌倦学习，产生逆反情绪。

● 把学习的决定权和主动权交给孩子，我们做倾听者、建议者、扶持者，甚至旁观者；让孩子自己去体验成长中的成就感、满足感，甚至失落感、挫败感，等等。

● 在孩子小时候，我们应尽心竭力地呵护养育孩子，牵肠挂肚，殚精竭虑。随着孩子长大，我们应该慢慢学会放手，甚至学会"让位"，给他们自己做决定的权利和自由，因为我们"无知"，孩子就必须"有知"。

● 小时候，孩子跟我们学习；孩子长大了，我们应该向孩子学习。孩子的一切都是向上的、新鲜的、有趣的，而我们很多家长却是落伍的、守旧的、顽固的，甚至故步自封的。即使是有文化、有见识的家长，在孩子面前，也不妨做一个"无知"的家长。

家长陪伴手记

3

"羽毛球"成就的北大梦

👤 **执笔家长：**皇贺平

👥 **家长职业：**个体工作者，国家羽毛球二级裁判

🎓 **学生姓名：**徐伟中

🏫 **录取院系：**信息管理系

🏛 **毕业中学：**石家庄市第一中学

⭐ **获奖情况：**● 2018 年中国中学生羽毛球锦标赛初中男子双打第
一名

● 2019 年中国中学生羽毛球锦标赛高中男子团体第
三名

● 河北省第十五届运动会青少年组羽毛球比赛男子团

● 体第一名、男子双打第一名、男子单打第二名

18岁，羽毛球球龄已达13年的阳光帅气大男孩——小徐，如今已背上行囊，怀揣着青春的理想与抱负，踏入了新的征程，开始了他北京大学的学习和生活。

　　小徐作为一名体育特长生（羽毛球项目），是以高水平运动员的身份被北京大学录取的。回忆起孩子从小到大羽毛球学习与训练的点点滴滴，我觉得有收获也有不足，愿意说出来与大家分享，希望能对体育特长生的家长有所启示。

　　下面我从一名体育特长生家长的角度来说说我家小徐在羽毛球学习及训练方面的几点体会，与大家共勉。

第一就是坚持不懈

　　作为羽毛球体育特长生的家长，总有人会问我："你家孩子怎么就被北大录取了？应该怎么做才有去北大的机会？我家孩子现在开始练能有机会去北大吗？"其实，对于这样的问题，我的回答就是：

　　——孩子能坚持训练吗？

　　——家长能坚持到什么程度？

　　——只要孩子坚持去练、去学了，就会有一个好的结果。

体育是一个长期坚持、不断积累的过程，不是心血来潮，练一天、一个月、一年就结束了，就看到成果了。俗话说：一天不练自己知道，两天不练对手知道，三天不练大家都知道！一个动作也是千万遍地反复练习，才能有肌肉记忆，才能准确到位不失误，真的是量的积累达到质的飞跃！坚持，就是十年如一日地不断练习，而且坚持是一个很痛苦的过程，谁都有懒惰的时候。阴天下雨、冷天下雪的时候，大家都愿意在家吃着火锅谈笑风生，又有几人愿意在这样的天气出门训练呢？炎炎夏日，球馆又热又没有空调，进到球馆，就是不训练、不打球那也是一身的汗！所以，很多时候与其说是孩子的坚持，不如说是家长的坚持。机会往往都是给有准备的人的，只有坚持训练，才能有机会获得成功！

第二就是言传身教

都说父母是孩子的镜子，家长朋友们也明白言传身教的重要性，但又有几人能做到呢？在与一些家长的交流中我问他们："你们要求孩子做到的，首先问问自己，你做到了吗？如果你自己都做不到，为何要求孩子去做到？"

就这点上，我和孩子之间有过这样两件事：

第一件事

有一次，孩子写完作业后，他就玩起了手机。刚开始我没在意，以为他看一会就放下了，结果等我做好饭后发现他还在玩手机。我就批评他玩得太久了，而他却一脸不屑地说："你做饭前也拿着手机玩了很久啊！"我当时一愣，然后给他做了详细的解释，我说："我手机中没有游戏，我本人也从来不玩游戏。其次，我拿手机是单位业务需要，如果单位没事，我压根也不会在下班时间还拿着手机不放下，毕竟家里还有很多事等着干呢！但是，你是没有业务交流的，你就是纯粹地用手机玩游戏，而且玩的时间还很长，这是不应该的啊！"孩子听了我的解释，也明白了他拿着手机玩和我拿着手机的本质区别，从此以后，他在玩手机的时间上就有所控制和把握。通过这件事，我明白孩子也不是不好管，主要还是大人要以身作则。

第二件事

在孩子中考前夕，我和孩子进行了学习方面的交流。孩子觉得要中考了，每天在学校做好多的题，心里有压力，觉得紧张，就问我："妈妈，我觉得每天做好多题挺累的，有时候做题的时候感觉心跳快，大脑缺氧，想吐，就想休息，你学习的时候有这种感觉吗？"我听后很心疼孩子，孩子也是真的不容易，除了训练，还要准备中考。孩子自尊心强，又想考个好成绩，压力也是很大，但这是他成长的必经之路，我们家长能做的就是换位思考，解开他心里的疑问。在他中考前，我经过努力学习，通过了国家一级建造师的考试，也遇到过和他一样的"考前综合征"，我能体会到他的感受。我就对他说："你这个状况我在考试前也遇到过，几百页的书要看、要背，要反复做题练习，有时候一道题做很长时间，还要翻看相应的知识点，也是感觉心很累，大脑缺氧，做题做得想吐。这时候我们要适时调整自己的状态，放松身心，比如做眼保健操、放松手指操，活动活动腰，等等，但绝不是放弃，因为每个人在不同的阶段都要经历一些东西，学着去适应、去调整，轻松应对，效果可能更好。"经过我俩的交流，孩子逐渐地放松了心态，缓解了学习的压力，在中考中正常发挥，如愿以偿地考入了自己向往已久的高中——石家庄市第一中学。

第三就是陪伴和沟通交流

在孩子的成长与学习中，家长的陪伴和与孩子的沟通交流同等重要，不可或缺。小徐同学从五岁多开始跟随教练练习羽毛球，一年四季，无论刮风下雨还是酷暑难耐，我都尽量接送他去球馆练球，让他感受到他不是孤单一人。直至高考结束，我整整接送他打球 13 年。在这期间，很多家长、朋友不理解说："都这么大了，上高中了还接送啊？他完全可以自己去的。"是的，他可以自己去上学、去训练，但孩子时间是有限的，除了学习、训练，哪有时间与咱们家长沟通交流呢？没有沟通交流，我们怎么把握孩子的心理？怎么发现孩子存在的问题？我就以接送他上下学，以及训练路远不方便等为由，主动接送他。在接送的途中，我们俩每天交流着学习和训练中的快乐和收获，以及失落和不足。因为有了每天的沟通交流，我俩之间没有隔阂，孩子也没有叛逆，他也能理解家长很多的做法和不容易。

孩子所在的高中没有球馆、没有教练，只能在校外训练。孩子高三在准备高水平运动员羽毛球的测试期间，我全天陪伴，整整 6 个月，我每天陪着孩子在羽毛球的训练中度过。从早晨的五点半起床跑步开始，上午陪着他在球馆练习轻技术和小力量，中午共进午餐，午休醒来，下午四点半出发去球馆开始羽毛球步伐练习，晚上八点结束一天的训练。训练间歇和结束后，孩子都会主动找教练沟通他自己心中不理解、做不到位的动作，以及技战术存在的问题，教练也会悉心地给予建议和指导，以便孩子第二天能更好地去训练。我曾开玩笑地对孩子说："儿子，我都不是你妈妈了，我应该就是你陪吃、陪练，睡在你上铺的兄弟啊！"

2020 年由于新冠疫情影响，没有全国羽毛球赛事，也不知道孩子的羽毛球水平在全国处于什么位置，只能鼓励孩子努力、努力再努力，只有努力了，才不会给自己留下遗憾。孩子初中的教练也不断地给他鼓劲打气，看到孩子那么刻苦地训练，我忍不住说："孩子，你挺努力的，你的努力让我都很感动！无论上哪所大学，咱们都没有遗憾，都是最好的学校！"在家长的陪伴和教练的鼓励、指导下，孩子也缓解了压力，在最终的高水平运动员羽毛球测试中，发挥正常，获得了北京大学男子羽毛球专业测试的第二名，顺利取得了北京大学羽毛球专业测试录取通知书。

第四就是懂得感恩

感恩是我们中华民族传统的美德，孩子在训练、学习中也慢慢有了体会。他感恩训练中遇到的每一位教练，也感恩学习中遇到的每一位老师。高考后，孩子曾感慨地说："妈妈，我觉得我挺幸运的，在训练和学习中遇到的每个教练和班主任都那么负责任。小学的教练给我积累了羽毛球技术，初中的教练在羽毛球技术的基础上让我达到了量的积累，高中的教练给我量身定制了训练计划，使我在高水平运动员测试中脱颖而出。测试完回到离别了半年的学校学习，我一度不能适应学校学习的节奏，但班主任和各科老师没有嫌弃我，他们给我鼓劲，开导我，给我做思想工作，让我放下包袱，最终我以高出录取分数线 135 分的成绩被北大录取。是教练和老师们的负责任，使我有了去北大学习的机会，我发自内心地感谢他们。"听到孩子亲口说出感恩的话，作为家长，我很欣慰。有了感恩的心，他就能听进去别人的建议，也就能很好地与身边的人相处。

孩子平时除了学习，业余时间都用在了羽毛球训练上，平时的家务做得也少，动手能力也有限，希望孩子在即将开始的大学生活中，发挥自己的体育拼搏精神、团队精神，团结同学、舍友，尽自己的能力帮助其他同学，提高团队合作能力，在羽毛球训练中积极主动，在比赛中发挥自己的优势，为学校增光添彩！

TIPS:

● 在与一些家长的交流中我问他们："你们要求孩子做到的，首先问问自己，你做到了吗？如果你自己都做不到，为何要求孩子去做到？"

● 孩子自尊心强，又想考个好成绩，压力也是很大，但这是他成长的必经之路，我们家长能做的就是换位思考，解开他心里的疑问。

● 没有沟通交流，我们怎么把握孩子的心理？怎么发现孩子存在的问题？我就以接送他上下学，以及训练路远不方便等为由，主动接送他。在接送的途中，我们俩每天交流着学习和训练中的快乐和收获，以及失落和不足。因为有了每天的沟通交流，我俩之间没有隔阂，孩子也没有叛逆，他也能理解家长很多的做法和不容易。

家长陪伴手记

教育在细小入微处

👤 **执笔家长：** 刘亚旭

🪪 **家长职业：** 中学教师

👤 **学生姓名：** 王烨

🎓 **录取院系：** 环境科学与工程

🏛 **毕业中学：** 中央民族大学附属中学

⭐ **获奖情况：** 2022 年北京市"三好学生"

2022年7月，女儿收到了北京大学的录取通知书，虽早在几天前已经从官网查询到了录取结果，但当我们手捧这份录取通知书时，还是激动和兴奋了许久。

大家都在询问"你们是怎么教育孩子的"，其实我也不知道怎么回答，因为我们并没有做什么特别的事情，只是在经历的每件事上都没有草草略过，或许真的如他人所说，我们的教育渗透在细小入微处。

在女儿小的时候，我们从没有给女儿定过类似"必须考上北京大学"之类的目标，只是告诉孩子：每个人都应该有一个梦想，有了梦想我们就要去努力尝试；自己选择了的事情，就要坚持。下面我就以举例的形式梳理一下在孩子成长过程中值得分享的一些教育经验。

想做的事情就必须坚持

女儿初入幼儿园时2岁4个月，上了幼儿园的混龄班，班级里她是最小的那一个。上幼儿园不是因为家里没人照顾，而是她自己看到其他小朋友每天可以去幼儿园，很是羡慕，于是自己提出来要上。孩子在幼儿园的第一天，在老师们和小朋友们的照顾下过得特别开心。回家后，她就说："我明天还去幼儿园！"但是第二天早上8点，当爸爸抱着她站在幼儿园的大门口时，女儿却哭闹不止，无论如何都不肯进幼儿园了。

"爸爸，我饿了。"

"那咱们进班级吃饭吧。"

"那我不饿了……"

"爸爸，我困了。"

"那咱们进班级睡觉吧。"

"我不困了……"

在女儿的反反复复磨蹭中，两个多小时过去了，又饿又困的女儿趴在爸爸肩头睡着了。等女儿醒了，却发现自己已经在幼儿园的班级里了。回家后，她爸爸说什么也不肯再送女儿进幼儿园了，说受不了"生死离别"的场面。第二天，我抱着一路哭泣的小家伙到了班级，递到老师手里后，转身离开。此后，便是天天送天天哭，我们和女儿踏上艰难的送园历程。我们狠下心来的一路坚持，想告诉孩子的是：幼儿园是你自己想去的，既然选择了，无论如何就得坚持下去！

可能因为我和孩子爸爸都是体育老师的缘故，女儿天生运动天赋就比较强。在5岁时就开始和体校的冰球队队员们一起训练了。小小的她支撑着大大的护具，也没有一双合脚的冰鞋，几天下来，脚踝已经磨破流血，觉得跟不上大孩子训练节奏的她开始打退堂鼓了。如此状况，我只是给女儿在脚踝上缠上了纱布和红棉布条，私下找了教练员说明了情况，希望教练员在训练场上可以多表扬和鼓励她。在我们和教练员的鼓励下，每日在脚踝处缠上纱布和红棉布条的女儿重拾信心，继续滑行在冬日的冰面上。一个月后，女儿就已经能和比她早训练一年的小伙伴们齐头并进了；两个月后女儿就成了佼佼者，开始为他人做示范了。冰球运动一直伴随她走过了8个冬天，训练场上的勤奋，比赛场上的顽强，锻造了她坚韧的性格，让她明白了"胜不骄、败不馁"，也让她明白了"认定了的事情，无论如何都得坚持"。这种坚韧与坚持对她的学习也起到了很大的帮助。

高二时，女儿的学习成绩起起落落。在那种高压下，女儿没有气馁，而是以超强的毅力坚持着，每天比别人早1个小时起床，每天比别人提前10分钟进教室……就在一点点的坚持中，她挺过了难熬的高二，度过了紧张的高三，最终迎来了高考的胜利。

重视专注力的培养

专注力是一种态度，也是一种能力，它是成功的认知活动的推动力。所以，我觉得专注力的培养至关重要。

女儿从小就和我们混迹在各类体育场馆，认识最多的就是体育行业的叔叔阿姨。空旷的大草原上，也是她经常游戏的地方，春季采野花，夏季抓蚂蚱、采蘑菇，冬季去滑雪，女儿经常沉浸在蓝天碧草羊群的美景之中，造就了她"野小子"般的开朗性格和宽阔的胸襟。"这孩子这么爱说好动，这以后上学能坐住板凳吗？"这是周围人对她的评价。为了让女儿收敛一下"野性"，做事情时可以专注、静下来，我们在很长一段时间内有意和她一起做她喜欢的事情、玩她喜欢的游戏。搭积木、玩拼图，看有趣的动画片，读书，上美术兴趣班等，目的就是让她长时间坐下来、静下来。

不知道是不是我们的方法有效，还是女儿本性中自带专注力，孩子在以后的各个阶段做事情时表现都很专注。上课时，老师们都会反映"这个孩子上课时注意力特别集中，眼睛都放光"。

明辨是非的能力与责任感教育

责任心是一个人对自己、对他人、对社会的态度。对于孩子来讲，我们从小就要培养他敢于负责、勇于负责的态度。我认为，这种态度培养不是说教能够得来的，而是体现在父母的日常行为，以及帮助她处理遇到的每一件小事中。

女儿在小学三年级时，由于班主任老师去外地看病，并且走的时间比较长，加上班上的学生"活跃分子"较多，一度班级纪律变得较为混乱。有一次，连续两天，因上课纪律很乱，女儿班级的全班学生被外语老师留在教室10分钟后才放学。女儿回到家后哭泣不止，并以质问的口气问我："妈妈，你说老师做得对吗？谁捣乱就留下谁呗，为什么连我们都留下，你就说老师做得对不对？！"没有什么大道理，我只是如实回答了她的问题。我说："老师这么做是不太妥当，但是，你们的班主任不在，你是班长，是班级最大的'官'，班级已经乱得老师都讲不下去课了，难道你没有责任吗？"如此一问，女儿停止了哭泣，陷入了思考。此后班级纪律有了巨大的改变，一年没有班主任的三年级一班，女儿这个小班长在班级树立了不可挑战的权威。

有一次，在学校门口恰巧遇到了女儿学校的支部书记，她夸奖女儿说："你家女儿太厉害了，把班级管理得稳稳当当的，同学都挺服她。"她跟我讲，在课间巡查时，听到他们班级吵闹，站到班级门口进行管理，却没起到任何作用。女儿上厕所回来，往讲台一站，整个班级瞬间安静下来了。我问女儿是怎么做到的，女儿自嘲说："我是靠拳头打的天下。"维持班级的秩序，带领同学们上课间操，安排文明引导员引导学生上厕所，安排值日生……小小的女儿确实以一份强烈的责任心在管理班级，安排班级的事务，为同学们做着力所能及的事情。

进入初中，女儿作为班级合作学习小组组长，每天放学第一件事就是分别给组内成员的家长发一条短信，指出每一个人的一天中表现的优缺点，告知今日作业的重点，这一坚持就是三年。

从小学到初中、高中，女儿一直都是班长。十年来班干职责，使她养成了事事亲力亲为、遇事沉稳、不推脱、主动承担责任的习惯和办事态度。

注重良好习惯的培养

我这里说的良好习惯，不单指学习习惯，还有生活习惯、行为习惯。好的习惯对孩子的成长很重要。

1. 独立整理学习与生活物品

女儿从幼儿园起就自己整理书包文具，从不落下一样东西。自己的物品包括用不了的小铅笔头都会放进整理箱中，直至今天，整理箱中还有用过的铅笔、蜡笔、橡皮、刻刀、小表盘等学习用具。出门旅行，女儿都是自己独立整理要带的物品，并且自己提，自己独立管理。

2. 放学先完成作业，再做其他事情

女儿上小学时，由于我们工作忙，没有人接送，放学后她就自己去爸爸的办公室，作业都是在爸爸办公桌旁的小桌上完成的，听写基本上就是默写。无论爸爸在与不在，无论作业多少，她都会做完后再回家。

3. 解决疑难问题的习惯

女儿在作业中遇到疑难问题，若自己思考后仍不能解决，就会查阅资料或请教他人，绝不会把这些疑难问题带到第二天的课堂。这个习惯一直延续着，即使在高中阶段，自己完成作业也会通过"小猿搜题"对一下答案，确定自己的完成情况。

4. 提前规划的习惯

寒暑假期，女儿会在假期刚开始就把自己的作业进行规划，制订计划，并且细化到每一天完成多少，每完成一项就划掉一项。

孩子的学习习惯越早养成越好，良好的习惯一旦养成，家长就不用太操心了。

我一直认为，父母是孩子的第一任老师，家庭教育的作用要大于学校教育，孩子在学龄前的教育尤为重要。每个孩子都是不同的，教育的方式方法也不尽相同，但我认为，教育不是大声的说教，不应是"轰轰烈烈"的，应是"润物细无声"的，体现在每个细小入微处。

☼ TIPS：

● 在女儿小的时候，我们从没有给女儿定过类似"必须考上北京大学"之类的目标，只是告诉孩子：每个人都应该有一个梦想，有了梦想我们就要去努力尝试；自己选择了的事情，就要坚持。

● 此后，便是天天送天天哭，我们和女儿踏上艰难的送园历程。我们狠下心来的一路坚持，想告诉孩子的是：幼儿园是你自己想去的，既然选择了，无论如何就得坚持下去！

● 为了让女儿收敛一下"野性"，做事情时可以专注、静下来，我们在很长一段时间内有意和她一起做她喜欢的事情、玩她喜欢的游戏。搭积木、玩拼图，看有趣的动画片，读书，上美术兴趣班等，目的就是让她长时间坐下来、静下来。

● 女儿上小学时，由于我们工作忙，没有人接送，放学后她就自己去爸爸的办公室，作业都是在爸爸办公桌旁的小桌上完成的，听写基本上就是默写。无论爸爸在与不在，无论作业多少，她都会做完后再回家。

家长陪伴手记

5

我们是如何把孩子培养成"北大人"的

 执笔家长：马晓兰　杨志荣

家长职业：自由职业者

学生姓名：杨　婧

录取院系：外国语学院

毕业中学：首都师范大学附属中学

获奖信息：● 第 34 届中国化学奥林匹克（初赛）一等奖

　　　　　　● 第 33 届中国化学奥林匹克（初赛）二等奖

孩子被北大录取后，亲朋好友在祝贺的同时，也询问我们是如何把孩子培养成"北大人"的？这引发了我们的思考，促使我们对这十多年来培养孩子的点点滴滴进行了梳理总结。

一、全方位全天候做孩子的榜样

记得参加孩子高一上学期家长会时，语文老师江红霞说，学好语文确实很难，但其实也很简单。家长做好两点就不难。一是为孩子准备好指定的课外读物。二是做孩子的榜样，就是你不让孩子做的，首先你不做；你让孩子做的，首先你做到。听到这句话，真是振聋发聩。家庭是培养孩子良好习惯的最好课堂，父母是孩子的第一任老师。此后，我们就从一点一滴中影响，从一言一行中渗透，从一举一动中熏陶。

让孩子早起，首先我们早起；不让孩子看电视，我们首先不看电视；不让孩子玩手机，我们首先不玩手机；让孩子好好学习，我们就和孩子一起学习，她做作业时至少有一个人在旁边看书；不让孩子分心，我们首先谢绝不必要的应酬，把与外界的联系降到最低。确实，想让孩子成为什么样的人，首先家长就要成为什么样的人。如果我们做不到，却希望孩子能做到，那更多的可能就是奢望，可遇而不可求。

二、引导孩子树立远大理想

理想是人生的灯塔。为了让她对北大有深刻的认识，我们带孩子去参观北京大学红楼（了解五四运动）、北京大学校园（我们特意让她在北京大学图书馆楼前照了张相），让她阅读《新青年》（张宝明主编）。在孩子参观天安门广场、《复兴之路》展览，观看《建党伟业》《觉醒年代》等影视作品，浏览国内外时事新闻等时机，我们特意给她讲其中涉及的北大人、北大事。

通过孩子自己看、自己听、自己想，让她深度了解北大与近代中国、现代中国、当代中国发展演变之间的内在关系；让她充分认识北大人为实现中华民族伟大复兴的中国梦作出的不可替代的巨大贡献；让她真正明白"学习改变命运"，改变的不仅是个人的命运，更是国家的命运，"知识就是力量"，这力量不仅是改造自然的力量，也是改造社会的力量；让她自己深刻领悟北大人的担当和功绩，激发她要成为一名北大人的强大动力，确立起要像前辈北大人那样为国家效力的远大目标。

三、培养孩子养成好读书、读好书的习惯

阅读是开发智力的最好手段，是培养良好习惯、奠定人生根基的根本途径，也是长期保持优异成绩的兜底工程。特别是广泛阅读哲学、历史、地理类图书，打牢文史基础，尤为关键。

为培养孩子爱读书的习惯，我们经常带她到图书馆、新华书店、旧书店、书摊去看书、选书、买书。在天津上小学的时候，我们带着她，背着帆布书包，来回走近两个小时的路，去天津市少年儿童图书馆借书、还书。到北京后，让她一个人背着小板凳，拿着水和干粮，换乘一次公交车去西单图书大厦看书。每次带她出去旅游，当地的博物馆、

历史文化古迹、名人故居、文化市场，都是必去的打卡地。开始的时候，我们讲名人故事给她听；后来，跟她一起看拼音绘画本的"四大名著"、《史记》，边看边交流；再后来，让她独立阅读通俗类带插图的《十万个为什么》《话说中国》；再到后来，她就逐渐读《古文观止》《鲁迅杂文选》这类有点难度的书了。

养成爱读书的习惯后，她就能坐得住了，注意力也专注了，能长时间地深入思考问题了。

四、打牢孩子马克思主义哲学的根基

哲学向来被誉为"智慧之学"，而马克思主义哲学更是科学的世界观和方法论，是认识世界、改造世界，同时也是认识自己、改造自己的强大武器和理论工具，对于培育健康向上的人生观、价值观意义重大、不可或缺。

我们让孩子很早就开始接触哲学类书籍，培养她对哲学的兴趣，以及自觉拿起哲学的武器来认识、理解、看待、解决生活、学习过程中遇到的各种现象和问题的能力。上小学时，让她看蔡志忠的《漫画道家思想》，接触一些最朴素的辩证法思想。上初中时，让她看艾思奇的《大众哲学》，从一个个通俗故事中学习领悟辩证唯物主义的魅力。上高中后，让她学习北京大学谢龙教授主编的教材《马克思主义哲学原理》，系统掌握马克思主义哲学的理论体系；同时让她看《毛泽东选集》，重点是哲学名篇《矛盾论》《实践论》以及经典名篇《论持久战》。高三时，让她看《习近平谈治国理政》，并坚持收看收听时事新闻，及时了解国内外重大事件、重大活动，学习掌握党和国家的大政方针以及领导人发表的重要讲话；让她自己分析一些重大时事热点问题，提出自己的观点和看法，有时我们也与她一起分析讨论。

在此过程中，她形成了关心国家大事的习惯和情怀，以及培养了运用马克思主义基本原理观察、分析、解决现实问题的能力和素养。

五、筑牢"身体、心理、饮食、睡眠"四大支柱

要想学习好，首先要身心健康、精力充沛。而这就要从"身体、心理、饮食、睡眠"四个方面入手。

饮食方面，我们坚持在家里做饭，不叫外卖；每天三顿饭按时按点吃，不糊弄，不凑合；吃普通饭，从不大补。

睡眠方面，养成良好的作息时间，晚上不熬夜，白天不睡懒觉。孩子每天晚上10点左右睡觉，除非特殊情况一般不超过晚上11点；节假日、寒暑假每天与上学时一样，也是5点50起床，不同的是可以午休1个小时。体育锻炼方面，孩子在小学就养成了跑步的习惯；从初中起，只要是在家不上学的时候，每天下午跑3000米；上学期间，全程参加学校每天组织的1000米跑操和一周两次的体育课。

心理方面，引导她不要过分关注分数，不要在乎排名，而是把关注点和重心放在不会做的题、做错的题上；把不会做的题学会了，把做错的题找出错的原因、记在错题本上；对于排名，让她自己跟自己比，而不与别人比。另外，也不把考试成绩与其他东西挂钩，如给零花钱、带她出去玩、玩手机、吃好吃的、买东西，等等。我们把这些分得很清楚，各是各的，不混为一谈，目的就是不让孩子有学习上的功利心，为得到奖励而学习。

六、坚持让孩子跟着老师的节奏学

这些年，我们一直坚持不让孩子上课外班。教育的目的就是培养孩

子学会学习、自主学习，养成深度学习的意识和习惯。只有学会学习，提高学习能力，培养好的学习习惯，孩子才能真正学好、保持成绩的稳定。更何况，学校的教学进度、内容安排很科学，教学过程抓得也紧，老师们很负责，学历和水平都很高，只要严格按学校和老师的要求做，肯定能学好。引导她学会沉浸式学习、体验式学习，坚持跟着学校课程的进度学，跟着学校老师的节奏走。反复提醒她，一定要把学校老师布置的作业做完，按学校老师的要求做，老师让做的、该做的，一定要踏踏实实、老老实实、扎扎实实地按规定动作一步一步地完成，不偷工减料，不节省力气，不跳跃一步。不管老师检查不检查、收不收作业，都必须按时、保质、保量地完成，切不可要小聪明，自己欺骗自己。在完成老师布置作业的前提下，利用剩余时间提前预习、做课外题。

七、锤炼孩子坚强勇敢、乐观自信的意志品质

要攻克学习上的难关，坦然面对人生路上的困难挫折，必须具备坚毅顽强的意志品质。刚上初中时，中考要考体育，而孩子的体育成绩在班里倒数，球类几乎拿不到1分。她有畏难情绪，我们告诉她"自胜者强"，遇到困难，一定要勇敢地面对困难、战胜困难，而不是逃避困难、向困难屈服、绕着困难走。如果这次"成功"地逃避了困难，那么下次遇到其他困难，还是不能勇敢地面对。人生就是在不断战胜困难的过程中成长起来的，否则永远长不大。她明白了其中的道理，毅然选择了排球作为突破口。刚开始，她连一个球都垫不了，球也控制不住，满操场找球，急得满头大汗、气喘吁吁。但她一直咬牙坚持，慢慢地，由1个、2个、3个，逐渐到10个、20个、30个……到最后她完全能按标准要求拿到满分。

经过这件事，她面对困难也变得比以前冷静、坚强、勇敢、自信

了。我们感到，在影响孩子学习成绩的因素中，非智力因素的作用要远远大于智力因素，其中坚强勇敢、乐观自信的意志品质尤其重要。

八、磨炼孩子敢吃苦、能吃苦、多吃苦的品格

孩子上高一时，尽管学习很紧张，我们还是让她参加了化学奥林匹克竞赛的学习。那时每周一、三、五的下午4点，其他同学都放学回家了，她还要继续跟着老师学习，有时要学到晚上7点半，坐公交车回到家都已经晚上8点半了，才开始吃晚饭；晚饭后，又开始写课内作业，时间安排得满满当当。周六一大早，孩子还要去学校，从早上8点一直学到下午5点；而且学的是大学内容，难度大，内容多（厚厚的教材有十几本），要求高（不仅考知识，更多的是考思维和方法），老师还讲得快。若想完全消化吸收，孩子需要在课后继续投入大量时间和精力看书、做题。虽然孩子在大学没有学化学专业，但这段奋斗的经历，这个吃苦的过程，她还是收获很大的。她不仅养成了自学的习惯，学会了科学地分配学习时间、合理地安排学习内容，而且提高了学习能力和学习效率，学习的自觉性、自主性、计划性，特别是干事的韧劲都得到了很大的培养和提升。

考大学只是人生的短暂一站，未来的路还很漫长。但我们相信，这些年她养成的这些习惯、积累的这些经验、掌握的这些能力、培养的这些品质，一定能够为她走好未来之路打下坚实的基础。

☀ **TIPS**：

● 让孩子好好学习，我们就和孩子一起学习，她做作业时至少有一个人在旁边看书；不让孩子分心，我们首先谢绝不必要的应酬，把与外界的联系降到最低。确实，想让孩子成为什么样的人，首先家长

就要成为什么样的人。

● 理想是人生的灯塔。为了让她对北大有深刻的认识，我们带孩子去参观北京大学红楼（了解五四运动）、北京大学校园（我们特意让她在北京大学图书馆楼前照了张相），让她阅读《新青年》（张宝明主编）。在孩子参观天安门广场、《复兴之路》展览，观看《建党伟业》《觉醒年代》等影视作品，浏览国内外时事新闻等时机，我们特意给她讲其中涉及的北大人、北大事。

● 为培养孩子爱读书的习惯，我们经常带她到图书馆、新华书店、旧书店、书摊去看书、选书、买书。在天津上小学的时候，我们带着她，背着帆布书包，来回走近两个小时的路，去天津市少年儿童图书馆借书、还书。

● 心理方面，引导她不要过分关注分数，不要在乎排名，而是把关注点和重心放在不会做的题、做错的题上；把不会做的题学会了，把做错的题找出错的原因、记在错题本上；对于排名，让她自己跟自己比，而不与别人比。

● 反复提醒她，一定要把学校老师布置的作业做完，按学校老师的要求做，老师让做的、该做的，一定要踏踏实实、老老实实、扎扎实实地按规定动作一步一步地完成，不偷工减料，不节省力气，不跳跃一步。

6

帮助孩子成为最好的自己

👤 **执笔家长**：冯奇新　杜晓莉

📇 **家长职业**：中学教师

👨‍🎓 **学生姓名**：冯之乐

🎓 **录取院系**：信息科学技术学院

🏛 **毕业中学**：河南省安阳市第一中学

北大是求知者的天堂，是奋斗者的乐园，是优秀通往卓越的天梯。女儿圆梦北大，多年努力和追求，此刻成为现实，羡慕女儿有机会在这追梦者的天堂里，去奋斗自己的精彩人生。回望来路，确有些许感悟值得总结和记忆。（冯之乐和冯之音是双胞胎姐妹，今年高考，妹妹冯之乐被北京大学录取，姐姐冯之音被武汉大学录取，两个孩子的教育是一个整体，所以后面会一起说到。）

从小培养阅读习惯

书是人类进步的阶梯，书是瞭望世界的窗口。一个人如果能够从小养成爱书读书的习惯，一生以书为伴，他就能够在获得新知的同时，不断地远离愚昧、无知，使自己的心灵得到净化、升华，培育高贵的人格，保持生活的激情，收获人生的幸福。正是因为明白了这个道理，我们从孩子来到世上开始，就注重培养孩子对书的兴趣。

学前时期，我们每日给孩子读书、讲书，像一日三餐一样从未间断。通过读书听书，两个小女孩认识到了书中有那么多她们不知道的、有趣的东西，书的神奇魅力在她们幼小的心灵留下了深深烙印。

小学低年级，随着识字数量的增加，阅读欲望的急剧增长，孩子急于想从书中寻找万千世界各种各样问题的答案。为了满足孩子，每个周末，逛书店成了我们一家人的固定安排。每次在书店泡上一段时间，带着意犹未尽的心情选上两本书带回家，是孩子每个周末收到的最好的礼物。我们约定，两个孩子每人一次只能买一本，这种多少有点饥饿感的购书、读书方法，我们一直在坚持着。买回来的书，孩子们很珍惜，读得也很专注。

进入小学高年级，孩子的阅读量剧增，一周两本已经远远满足不了孩子读书的需求。我们和两个孩子商定，每人购买书的数量，每周由一本放宽到两本。事实上，这也未能满足两个孩子的阅读需求，她们采取了和同学交换阅读的方法，这一下子拓宽了她们的阅读视野。"好书"在孩子们之间相互交流，阅读兴趣相互感染，阅读面相互补充。

一直到初中阶段，两个孩子的阅读逐步进入了接近痴迷的状态。孩子每天的愿望就是快点完成自己的作业，然后去享受自己的书中世界。书成了她们最好的伙伴，每天午睡、晚睡，都必须及时提醒才能把她们从书中拉出来。意犹未尽时，两个孩子多次出现一些不正常的情况——熄灯睡觉后偷偷再起来看书，或者偷偷跑到卫生间去看书。讲明利弊，我们对孩子正确的阅读心态进行了教育，引导她们认清休息和学习之间的关系。那段时间，我们家四口人，一个人一本书，成为最常见的画面。现在，买回来的书已经从孩子卧室的两个书柜、我们卧室的一个书柜，延伸到了厨房的橱柜、车库的储物柜，书占据了我们家最多的储物空间。

进入高中，孩子的阅读方向发生了转移，她们更愿意看一些有深度的、思辨性强的书籍，更多选择一些名家或大部头的书籍。这一段时间，借书成为她们读书最主要的来源。同学之间交换了一本书，就等于交换了一种思想，实现了共同进步。

有人说，一个人的阅读史就是他的精神发育史。愿孩子们一生以书为伴，愿每一个孩子能热爱书籍，从中汲取营养，改变命运，改写人生。

夸出好孩子

任何人对于表扬几乎都无法抗拒，被表扬者都会不由自主地向着被表扬的方向发展和努力。表扬是一种暗示，是一种潜移默化的引导，它能带给孩子信心、动力和勇气。明白了以上道理，我们每天都拿着放大镜去找孩子的优点，决不吝啬自己的溢美之词，孩子也在快乐的享受中每天向好的方向发展。

1. 夸出作业好习惯

上小学时，老师会让家长在孩子每天的作业本上签名，监督其完成作业。我们没有停留在签一个名字、写一个日期上。我们会在孩子做完作业后，认真地把作业当作孩子的作品去欣赏。语文作业的字词书写，哪一个字写得漂亮，我们一定会用红笔把它圈起来以示表扬；哪怕某一个笔画写得漂亮，也会被单独圈起来给予鼓励。在签名之前，我们一定会写上一段话，对孩子的作业进行评价，或肯定孩子在第一时间完成了作业，或表扬孩子作业写得工整认真，或对作业的正确率提出表扬，然后才郑重地签上自己的名字。每周五天，天天如此。这样下来，孩子会感觉自己的作业很重要，会努力去把每一个字写好，把每一个笔画都写得漂亮。两个孩子很享受自己写作业的过程，每次写完作业就迫不及待地想让爸爸妈妈批阅点评。一两个学期下来，这种积极的引导和积累就见了效果，两个孩子的作业成了班里写得最认真、最漂亮的，经常会被老师选为优秀作业在教室展览。

数学作业绝不仅仅是对错的问题，作业习惯的培养同样重要。比如，孩子写作业时如果能够做到"解"字顶格写，我会用红笔画出来，给一个赞；数字书写清晰美观，给一个赞；数学算式上下对照整齐，给一个赞；空间利用合理，给一个赞；作业没有涂改，给一个赞；甚至演草纸的合理使用，也会被打上一个赞。父母对孩子作业的尊重，激励着孩子越发重视自己作业的质量，进入了一个良性的循环。这十几年的良好作业习惯，让冯之音、冯之乐深深受益，战中考、胜高考，一路向前。

2. 夸出生活好习惯

在生活中，孩子的表现有优有劣、有时好有时坏，家长应抓住优点、盯住长处，多肯定、多引导，良好的习惯慢慢便养成了。比如，孩子的书桌整理得干净、书本文具整理得有序，进门以后整理自己的鞋子，吃饭不挑食、爱惜粮食，先写作业再玩，按时睡觉、睡前问安，不浪费作业本和演草纸，维护班级利益，遵守交通秩序，见面主动问好，爱护花草，垃圾入篓入箱，知错能改，主动做家务……看到或了解以后，我们都会及时给予表扬和肯定。

我们信奉赏识教育的力量，但表扬努力，不表扬天赋；表扬过程，不表扬结果；表扬成长，不表扬表现。孩子在被赏识中一天天向好，十几年的坚持，也让我们得到了很好的回报。

让孩子学会自我管理

成长中的孩子，心中有两个自我：一个是向上向善积极的我，另一个是对错不辨消极的我。引导孩子用内心"积极的我"战胜"消极的我"，实现自我管理，是家长和老师共同的责任。

低年级的孩子在回家后有说不完的话，在他们眼中有太多有趣的事。谁受了表扬，谁挨了批评，谁讲了笑话，谁拾金不昧，谁拿了人家铅笔，谁搞了恶作剧，谁在班里骂人说脏话，数学老师今天的课特有趣，语文老师把谁叫到了办公室，文具店的阿姨少找了钱……在价值观形成时期，孩子接收到的这些事和信息能否给予正确定位或评价，意义重大。这个问题的解决，我们直接照搬了冯恩洪老师的办法，把一个有四个抽屉的盒子放在桌子上，给四个抽屉依次编上号。我们和孩子商定：把以后遇见的事和信息分成四类，其中应该放大的事和信息放到第一个抽屉里，应该排斥的事和信息放在第二个抽屉里，把那些中性的事和信息放到第三个抽屉里，有争议不太好确定的事和信息放到第四个抽屉里。绝大多数事件或信息，孩子自己就能对它作出正确的评价。遇到难以定性的事情，我们就和孩子共同分析。比如恶作剧，孩子最初认为发生在别人身上很有趣，在我们帮助孩子换位思考后，孩子将它"放到"了应该排斥的那个抽屉里。

1. 自学能力是自我管理的重要内容

从小学到初中、高中、大学，这是一个逐步从被动学习向主动学习转变的过程，没有形成有效的自学能力，孩子会越往上学越艰难。自学能力的核心是自主学习、独立思考，所以我们比较看重孩子学习前的规划和学习后的总结，学习的过程全部交由孩子自己安排。孩子有问题时，我们一般不会直接给孩子答案，而是引导孩子设法突破问题和答案之间的障碍，自己得出答案。我们会帮助引导孩子做好长期的规划和短期的计划，会在阶段性关键的时刻提醒孩子进行总结、自我反思，绝不去插手孩子的学习过程。比如，孩子自己会做每天的时间管理，什么时候做什么事安排很详细，每个学期会制订本学期的目标计划，每个假期会制订自己的生活和学习计划。两个孩子在今年的高考中都能取得不错的成绩，很重要的一点就是她们形成了一整套适合自己的计划、预习、听课、作业、总结、纠错的自学方法。

2. 时间管理是自我管理的基础

冯之音、冯之乐的中考文化成绩分别排全县第一和第二。看到成绩，不少人说，你们家孩子真让人羡慕，怎么实现的呢？我们认为，她们的时间管理是她们取胜的一个法宝。课堂上的时间她们听课积极认真，回家做作业的时间她们利用得很充分，节假日的时间她们张弛有度、合理利用。每一个周一开学的日子、每一个学期开学的时候，她们都是满怀自信走进校园的，每一段被充分利用的时间都增强了她们的自信心。

3. 情绪管理和目标管理是自我管理的深水区

进入高中，学习任务、学习压力剧增，不断地努力、不断地被打击对孩子的心理是极大的挑战。那种拼搏后几近绝望的考验，你能不能挺得住，这是每一个孩子高考路上的必修课。每到这个时候，我们一般是通过强化目标的方法帮助孩子挺过难关，因为目标的强化能够让孩子把困难踩在脚下，目标的强化能够让孩子化压力为动力。令我们比较欣慰的是，绝大多数情况下两个孩子已经可以用比较短的时间，让自己从痛苦中跳出来了。看到经历挫折的孩子又"满血复活"地投入学习，我们深为孩子的表现和这种抗挫折能力而感到欣慰。

沟通的力量

很多家长在孩子教育上出现问题，都起源于沟通不畅，良好的教育需要借助沟通的力量。沟通无处不在，及时的沟通有利于及时发现、及时纠偏、形成共识。

1. 餐桌上的交流

家长应把握好一日三餐餐桌上的交流机会，在与孩子的交流中增进了解，寻找教育素材和教育契机。比如，有一天孩子说：张老师说话和蔼可亲，同学们都喜欢张老师、喜欢张老师的课。李老师表情严厉，要求严格，课没有张老师的课有趣，同学们都不太喜欢李老师和她的课。不同老师的教学水平有高有低，这是任何一个孩子在求学过程中都会遇到的事，若家长处理得不好，可能会使孩子失去对老师的信任，甚至失去对这个学科的学习兴趣。我们的做法是引导孩子找这个老师的优点，然后告诉孩子，其实我们每个人都是在向别人学习他的优点，不要在比较中全面否定一个人，尤其是对自己的老师。很多孩子的所谓差科都是起源于对这一学科老师的不喜欢。维护老师的形象，维护学科知识的神圣，保持孩子对学科老师的尊重，这实际上是对孩子最大的保护。绝对不能纵容孩子贬低老师，不能允许孩子有不尊重老师的行为和语言。否则，吃亏的最终是孩子自己。

有一段时间，孩子吃饭时多次嘟哝，教物理的海老师解答她的问题不热心，总说她所问的问题不经思考，几句话就把她打发走了。我们知道，这个问题不解决可能会挫伤孩子学习物理的积极性。于是我们想办法和海老师联系上并进行了交流，向他求教如何指导孩子学好物理。我们感受到了海老师的严肃和不苟言笑，也感受到了他对学习物理的独特思想——特别重思考。当孩子再一次说到这个问题，我们接过了话茬。我们说，我们和海老师接触过了，海老师还是很适合教物理的，他很注重引导同学自主思考。你以后再问老师问题时，不妨先问自己几个"为什么"：我要问的问题是什么？是概念还是解题思路？我想让老师给我什么样的帮助？我对这个问题是这样思考的，老师您看对不对？我这样思考问题出在哪儿？调整思路后，加上在物理上时间的投入，在高二年级的时候，女儿的物理成绩渐渐追了上来，学科实力大增，她也喜欢上了海老师的教法。

2. 上下学路上的交流

随着孩子学段的升高、学习任务的增加，我们和孩子的交流时间会非常难找，而接送孩子的路上是很好的交流沟通的时机。一次放学，冯之乐一上车就很兴奋："爸爸，我数学考了全年级第一，还是满分。"孩子的爸爸和孩子击掌表示祝贺，问她："你觉得你这一次数学能考满分的原因是什么？"孩子总结说："我这一段时间的课程都进行了预习，课后作业和配套资料都做得很好。"孩子的爸爸充分肯定了她提前预习和及时完成作业的做法，鼓励她继续做好这些环节。还有一次，孩子说到，语文老师让每一个同学都准备登台讲诗歌中的人物。我们就鼓励孩子上网搜索资料，精心准备，力争能登台讲，争取能讲精彩。孩子经过一周准备，搜索了大量的资料，学到了很多东西，在跟我们讲了多次后，最终在班级登台，受到了老师和同学的好评，大家都说冯之乐的知识面广。就这样，孩子逐渐喜欢上了"讲给别人"这种学习方法。

3. 珍惜每一次签字机会

每一次家长会、每一封开学通知书、每一个社会实践家长评价表，都需要家长评价和签字，而这些书面的材料都要经过孩子的手才会交到老师那里。认真对待每一次评价、寄语，孩子会从中感受到家长的期盼，获取奋进的力量。每到这种时候，我们总是在家长留言或家长评价中，感谢老师的关怀和帮助，肯定孩子的努力和进步，对孩子提出期望和要求。几乎每一次的寄语我们都有拍照留存，而每一次向老师和孩子的正向反馈都在默默地发挥着作用，润滑着家校师生关系，激励着孩子向好发展。

4. 重要节点的交流

小升初、初升高、18岁、高考前，这些重要的时间节点，我们都会给孩子写上一封信，谈自己对这个年龄段的看法，聊孩子阶段性的良好表现，鼓励孩子把握机会，秀出最好的自己，展示自己的实力。这一封封正式的书信，孩子们会不时拿出来看看，从而在较长时间发挥着作用，激励着她们。

以下摘录其中的三篇，从中也可以看出我们阶段性的想法。

第一封：写给两个即将开始高中生活的女儿的信

亲爱的女儿——冯之音、冯之乐：

2018年的夏天是属于你们的。在这个夏天，你们中招考出了全县文化成绩第一、第二的好成绩；你们依靠自己的能力，敲开了郑州排名前三的学校郑外、省实验、郑州一中的大门；但你们潇洒地放弃了这三所学校，成功考进了安阳一中奥赛班，取得了参加考试的四百人中排名第九和第五十五的好成绩。你俩双双考入安阳一中奥赛班，是一个新的里程碑，由此，你们将步入自己梦想的高中生活。

在你们即将开始高中生活之际，爸爸妈妈有些话想给你们说，重点说一下高中生活的特点和注意事项。

高中是人生成长的快速发展期，是小鱼由大河游向大海的波澜壮阔，是雏鹰离开巢穴飞向蓝天的海阔天空。与小学、初中相比，高中生活有以下特点。

1. 高中生活是一个以自我为中心的学习阶段。学习强调自学，生活重在自立，面对困难要自强，面对强手要自信。因为在高中阶段，老师不再像初中一样面面俱到、事事过问，自立意识强的孩子在高中才能变强。

2. 小学生活是线性的，初中生活是平面的，高中生活则是立体的。知识的量会成倍增加，知识的跨度会很大，思维的跳跃性、开放性要强，要努力构建立体的思维模式和思维习惯。

3. 高中学习注重"思"。在思中学，在学中思。学后要及时总结，思考得与失，总结规律和方法。

4. 高中学习重节奏。超前预习，上课认真听讲，课后及时复习，作业、练习多检验，然后纠错、反思、提升。

5. 高中学习重积累。每个学科都要有一个纠错本或积累本，积少成多，举一反三。

6. 高中生活讲互助。要有自己学习竞争对手和学习伙伴，面对成绩好的同学要自信，要知道和高手在一起学习是你的幸运，他们会激发你的斗志，他们会是你的助手，是你学习的良好资源。学其所长，为我所用，兼收并蓄，借助提高。

7. 高中生活要主动。主动学习，主动劳动，主动参与班级管理，主动帮助同学，主动锻炼身体。

8. 每天要有自己的运动计划。爸爸妈妈最放心不下的是你们的身体，没有好身体，就不会有好成绩；没有好身体，也不会有好前程。所以，制订一个运动计划，坚持三年，你们会有比别人有更多的收获。

9. 高中要有知识点意识，要淡化名次意识。要通过各科各章节的知识清单，实现分数的提升。牢记学习是为了掌握知识，掌握知识就是提高。

10. 要把会的做对。可以允许不会，但不能允许出错。坚决避免看错、算错、笔误错、想当然错四种情况。要把避免这四种错误当作一种追求。谨记：消灭错误是最了不起的进步。

11. 重视每一次考试。把每一次考试都当作高考，在每一次考试中磨炼自己。

12. 要善于消化不良情绪。人是有感情的动物，喜怒哀乐悲苦愁，再正常不过。有了不良情绪，跑跑步，唱唱歌，听听音乐，写一写日记，和同学朋友谈一谈心，把情绪释放出来，心情放轻松，人就容易成功。

13. 要注重全面发展。要尽可能多参加各种活动，要练习提高自己在大场合演讲、唱歌、表演、运动的能力，因为每一次历练都是一次成长。

最后，把云南师大白涛教授的几句话送给你们，愿你们在高中三年更好地成长：

优秀的学生是自己主导自我学习过程的。要能在练习中明晰自己知识结构的缺陷在哪儿，要在老师的教学规划下主导自己的学习过程。

爱你们的爸爸　冯奇新，爱你们的妈妈　杜晓莉

第二封：阶段二考试后写给女儿的信

亲爱的冯之音、冯之乐：

从8月5日你们开始高中生活，已经过去了四个月的时间。在这期间，你们经历了15次周考、两次阶段考。每一次考试你们都认真对待，很好地巩固了一周的知识，查找出了一周学习存在的问题，使下一周的学习目标性更强，效率更高了。尤其是两次阶段考，你们都考出了很好的成绩，当然，你们可能对自己还很不满意，但进入安阳一中并跻身前列实在已经是一件了不得的事了。

总结你们四个月来的学习生活，我们想给你们提几点建议。

一、咬住错题不放，脑子里要十分清楚，错题的消化就是你成绩的增长点。要明白做题的目的是发现会出错的题目，做题的价值不在于做了多少会做的题目，而在于找到了几个出错的题目并且纠正、消

化了这些题。所以，时间再紧，千万别没时间纠错。

二、每一个题做过后要再问一问——这个题是哪种题型？考了哪些知识点？做这种题的套路方法是什么？每道题做完之后都做这样的工作，一个人的进步就会很快，因为他总能举一反三，因为每道题在他的眼中都是题型。

三、语文是高考中决定大学层次的关键学科。多阅读、常摘录、勤练笔是语文成功三要素。我们重点说一下勤练笔。我们觉得你们在写作上每周投入的时间太少，建议：准备系列的作文题目，每周解决一个，重点放在题目、开头、结尾上，中间可不写或列出提纲。每周一篇写在作文纸上，周六带回家。

四、在奥赛班上，每一个同学都可以是你的老师，这是很好的资源，要利用好，有问题多和同学讨论或向他们求教。

五、以下重点对冯之音说几句。冯之音对自己阶段二考试的成绩不满意，但我觉得已经很好了，更重要的是考试暴露出了前段时间学习存在的问题，用分数的形式给你提了个醒。所以，要感谢考试，感谢真实的成绩指出了你学习中的不足和问题，感谢考试让你的眼睛更加雪亮，感谢考试让你的头脑更加清醒，感谢考试会引导你在下一个阶段作出调整，使你之后的学习更注重效果。在学习中遇到问题不可怕，可怕的是不知道问题在哪儿。下一个阶段不是非要把每一科都平等对待，要逐步发现自己的学科倾向，适当在有学科倾向的学科上多投入时间、总结方法，为分科后的加速前进做准备。

六、最后，老爸老妈不赞成无限制地挤占休息时间。休息是为了更好地去学习，晚上几点睡觉、早上几点起床自己要调整好，原则是"不影响第二天学习的效率"。

　　　　　　　　　　　　　　　　　爱你们的老爸、老妈

第三封：高三"二模"家长会后写给冯之乐的信

每天努力一点点，进步一点点

高考复习进行到"三轮"，很容易出现努力了成绩却不见起色，甚至倒退的情况。这是常态，必须接受。这是以成绩的形式告诉你，你的努力程度还不够，你的某些做法还需要调整。不必纠结于考场上没有发挥好、考试的成绩没有上次好、排名出现了后退等这些已经发生且不能改变的事情上。要把目光聚焦在这次考试为你指出了哪些不足，提醒了哪些存在的问题，让你发现了哪些丢分点（当然也是增分点）。

面对成绩的波动，短暂地在乎后，要能够坦然对待，要感谢考试帮助自己发现了问题和丢分点，感谢这次考试没有让这些阻碍自己提高的点继续隐藏下去。考试让你睿智，成绩让你清醒。

挫折和打击是学习生活中的家常便饭，不同的是人们对待挫折打击的态度。有的人对挫折打击俯首称臣，有的人则不服现实的安排，愈挫愈勇，把巨大的压力化为自己强大的动力。

成功的一个重要秘诀是永不放弃自己既定的目标。挫折打击对于强者，正好用来指导自己调整奋斗姿态、改变应对方法、激发自己的斗志。强者承认差距，但不困于差距。抓住每一个现在，做一道题、背一篇文、纠一个错、积累一个素材，你只需让今天的你做得比昨天更好一点，你要的结果就会悄然来到。

进入"三轮"，要带着考练中的问题回归教材，要对丢分点进行剖析、揪住不放，要完成考场上时间分配和应考方法的优化和固化，要实现各科高频考点的熟练化。四月不定型，五月有黑马，这句话充分说明了最后这段日子可能带来的改变。50多天大有可为，50多天能创辉煌，你默默地付出会赢得相应的回报。

承认差距是进步的开始，认识到差距就是向差距宣战。我们很欣慰地看到，面对"二模"不尽满意的成绩，冯之乐没有就此消沉。能够感受到"二模"成绩带给冯之乐的震动，它会让你更清醒地去学习，不是应该深深地感谢它吗？它在高考前及时地来到，让你以后的学习更高效。跳出来看，这是好事。

高考让我们学到的绝不仅仅是知识，还有直面困难、对待挫折的态度。有了直面困难、敢于拼搏的人生态度，一个人的未来就无往而不胜。

相信你！加油，冯之乐！

挺你的爸爸：冯奇新

5. 计划本、纠错本上的书面交流

孩子的计划本、纠错本也是家长和孩子沟通的很好平台。每一个孩子都应该有一个计划本和纠错本，家长在孩子允许的情况下翻阅一下，在上面简单写一写自己的想法，主要是鼓励和鞭策，能持续强化孩子积极的思想，促进孩子塑造更好的自我。因为这种互动让孩子感受到他的努力被看到了，他的劳动得到了认可，进而从中获取持续做好计划、认真纠错的动力。

形成教育的合力

家庭、学校、社会是影响孩子成长的重要外部因素。家长有意识地从以上三个方面去努力，营造有利于孩子成长的外部条件，孩子的成长

就多了一分向好的机会。

1. 家庭方面

学前阶段：家里的客厅、卧室、地面、墙壁都是孩子的学习乐园。墙上除了张贴大量的学习挂图外，白色的墙面对孩子是开放的，孩子可以在上面涂鸦、写字、画画，家里一米以下的空间都是孩子的。

大家庭方面：在我们周边家庭中，我们家是一个小核心，其中的秘诀是"吃亏"二字。凡事多付出，出力的时候不偷懒，遇事的时候不耍滑，碰到经济上的问题吃亏在前，每个小家庭的事能帮忙时不遗余力。付出了爱也收获了爱，我们的努力得到了我们周边家庭的认可。朴实的亲人们把这种爱无声地投射到两个孩子身上，孩子的生活圈中爱的阳光无处不在。

2. 学校方面

在孩子十几年的求学中，我们和她们每一个阶段的老师都保持着良好的关系和沟通，我们相互尊重、互通信息，孩子的教育在家校两端进行得协同而高效。两个孩子与她们上一学段的许多老师都保持着非常好的联系，每年的教师节和寒暑假送给老师鲜花和与老师一起吃饭，成为孩子和老师共同的美好记忆。上一学段的老师对两个孩子成长的持续关注也成为推动孩子奋发进取的一股重要力量。

3. 社会方面

你不能改变社会，但你有在社会中选择的权利。在居住地的选择上，孩子的学前阶段，我们是选择住在汤河岸边的一个小院里。屋里、院里、走出院子的小河边，都是孩子释放天性的空间。院子里葡萄架下的沙土堆、河中的小鱼、爬上岸的小蟹……都是她们最好的玩伴。孩子上小学后，我们搬到了单位旁边的小区，在选择楼层和单元时，我们专门选了一个同龄孩子比较集中的单元。事实证明，这样的安排为孩子的童年生活增添了不少乐趣。放学归来，我们单元的几个男孩、女孩跑到楼下嬉戏玩耍，孩子们的小学生活充满了欢乐。为了使孩子能比较多地接触优秀的孩子、优秀的家长，在周末和假期，我们带着孩子和那些优秀的孩子一起郊游、聚会，让他们在一起相互学习和成长。其实，很多次到北京、郑州拜访同学亲友，多半也是为了给孩子提供交流的机会，和不同的孩子交流拓宽了孩子们的视野。

在与孩子的共同成长中，我们努力地帮助孩子成为她们最好的自己，她们也以自己优异的表现回报和感动着我们。北大是新的起点，希望孩子能一如既往，用努力赢得属于自己的人生。

TIPS

● 为了满足孩子，每个周末，逛书店成了我们一家人的固定安排。每次在书店泡上一段时间，带着意犹未尽的心情选上两本书带回家，是孩子每个周末收到的最好礼物。我们约定，两个孩子每人一次只能买一本，这种多少有点饥饿感的购书、读书方法，我们一直在坚持着，买回来的书，孩子们很珍惜，读得也很专注。

● 我们会在孩子做完作业后，认真地把作业当作孩子的作品去欣赏。语文作业的字词书写，哪一个字写得漂亮，我们一定会用红笔把它圈起来以示表扬；哪怕某一个笔画写得漂亮，也会被单独圈起来给予鼓励。

● 我们和孩子商定把以后遇见的事和信息分成四类，其中应该放大的事和信息放到第一个抽屉里，应该排斥的事和信息放在第二个抽屉里，把那些中性的事和信息放到第三个抽屉里，有争议不太

好确定的事和信息放到第四个抽屉里。绝大多数事件或信息，孩子自己就能对它作出正确的评价。遇到难以定性的事情，我们就和孩子共同分析。

● 家长应把握好一日三餐餐桌上的交流机会，在与孩子的交流中增进了解，寻找教育素材和教育契机。

● 认真对待每一次评价、寄语，孩子会从中感受到家长的期盼，获取奋进的力量。每到这种时候，我们总是在家长留言或家长评价中，感谢老师的关怀和帮助，肯定孩子的努力和进步，对孩子提出期望和要求。

7

我送女儿上北大

执笔家长： 苏桂萍

家长职业： 中学教师

学生姓名： 赵予琦

录取院系： 光华管理学院

毕业中学： 天津市南开中学

获奖情况： 2015—2018 年天津市"三好学生"

2021年7月25日，女儿接到了北京大学录取通知书。激动与喜悦溢于言表，为镌刻这美好的时光，从不拍抖音的我也把女儿开启录取通知书的美丽一刻记录了下来，每每看起，与女儿相依相伴、共同成长的无数画面浮现在眼前。

陪伴是成长最肥沃的土壤，是最真情的告白

与你相识，何其幸运。2003年10月15日，我们成为你的父母，你成为我们的孩子。自那一天起，陪伴你长大是爸爸妈妈最义不容辞的责任。每天除了上班，最乐意做的是陪伴在你的身边，欣赏你每天的一点点小进步。尤其是爸爸，承担起了接送你每天去幼儿园的任务。每天幼儿园放学后，我都会在学校游乐园看到父女俩游戏的身影，听到你悦耳的笑声。对未知世界无限好奇的你，喜欢走出家庭，走向社会。四岁时你参加了"米高杯"轮滑协会，无数次的跌倒再爬起，培养了你的韧性。五岁时你在油田举行的"米高杯"轮滑比赛中分别获得500米第二名和1000米第三名的好成绩。后来你陆续学习了绘画、舞蹈、乒乓球、二胡、游泳，虽然在每个爱好上你的天赋与特长并没有特别突出，但学习经历足以丰富了你的人生。

你喜欢听书、看书。从你出生起，每天爸爸妈妈都会给你讲故事。仍记得你几个月大时，带图识字卡片会让吃饭难问题瞬间土崩瓦解。每天晚上洗漱完给你讲故事，这件事一坚持就是十年，直到你自己会读书，读书成了你每天必须要做的事。听书培养了你的听说能力，让你在求学路上事半功倍，提高了学习效率。还记得由于你出生月份晚，仅上了两年半幼儿园，毕业典礼是由两个年龄稍大的小朋友主持，但用心的你把老师一遍遍教给他们的台词，回家一字不落地说给爸妈听。仍记得你在三四岁时可以把"儿歌100首"中的每首都讲给大家听；仍记得你每天都会把幼儿园每个活动瞬间分享给家人，父母稍有分心，你都会问"你听着了吗"来提醒；还记得你学拼音时，许多孩子记混记错，而你从没有错过。

苟有恒，何必三更眠五更起；最无益，莫过一日曝十日寒。陪伴给了你成长的沃土，我和你爸始终做一名忠实的听众。想想女儿成长中的一点点变化、一次次进步，无不凝聚着父母耐心的陪伴和殷切的期盼，任何的收获不是巧合，而是每天的努力与坚持得来的。

想优秀的人永远在找方法

优秀是一种习惯

女儿进入小学后，就读于爸爸任职的大港区第一小学。爸爸注重培养孩子做事高效的习惯。女儿没有午睡的习惯，从上小学起，每天中午都是先把上午老师布置的作业做完，然后进行检查。播种行为收获习惯。多次学业检测，女儿的成绩在学校都遥遥领先。记得一位监考老师曾夸赞说："三班的赵予琦卷子写完检查了五遍，自始至终都没有抬头。"播种习惯，收获性格。一路成长起来，女儿在班级中始终是一个雷厉风行的人，每天放学都能早早地把作业完成好，由于做题又快又好，也因此被老师和同学冠以"聪明"的头衔。

努力去寻找方法

女儿进入初中后，英语学科成绩相对来说弱了一些，几次检测下来，发现总是和年级最高分差那么几分。爸爸是英语老师，拿着试卷多次和孩子沟通："别看你比某某同学只差两分，其实差的是两年的水平，要下苦功夫去追赶。"为了补齐英语这个短板，女儿让我从网上购买了英语学习资料《书虫》。那段时间女儿眼睛因干涩在治疗，医生嘱咐需要每天用热毛巾敷眼 30 分钟，我和孩子约定每天用泡脚的时间来敷眼并听英语材料。刚开始基本听不懂，那就先看阅读材料，利用几分钟把材料看明白，再反复地听，并练习说。这样坚持了一个学期，女儿的英语水平就有了质的变化，坚持高中三年，高考英语获得了 146 分的好成绩。所以，每个优秀的人都有一段沉默的时光，那段时光必须有充分的忍耐和担当，踏实而务实，不沉溺幻想，不庸人自扰。

从脚下根治幸福

女儿的中考成绩当时排名全区第一，顺利升入了南开中学的高分班。这个班学霸云集，班主任特别注重学生自律能力的培养，要求学生每天写计划表，把一天每个时间段需要完成的事都要记录下来，一件一件地去完成。刚开始，女儿把列计划当任务去完成，几周下来，列计划成了学习中最重要的事。每天晚上女儿把一天的事做完并总结后，又为明天绘就蓝图。女儿高度的自律，使得她能够把每天该做的事做好。班主任老师曾说："你每天把该做的事做好，你想要的都会得到。"孩子圆梦燕园，得益于老师对孩子自律能力的培养和孩子脚踏实地的践行。萧伯纳说过：自我控制是最强的本领。那些不放任、不沉沦，拥有强悍自我主宰能力的人，才能掌控自己的人生。

一个健全的心态，比一百种智慧都有力量

做孩子的益友，与孩子共同成长

到了初中，孩子往往容易叛逆，但我的女儿没有，相反和我无话不说，甚至选择我做了她四年的初中语文老师。她的同学我都认识，我俩聊天的机会和话题更多了，经常是放学回家什么都谈，我耐心地做一个听众，讲得对我鼓励，讲得不对我及时纠正。一年下来，我发现进入初中的女儿变得越来越自信、越来越快乐，学习效率也越来越高。所以，我觉得初中四年我给孩子最大的帮助不是语文学科上的而是心理上的。高中三年班级学霸如林，女儿的学习压力自然很大，我和她的沟通就更多了。我会及时将一些励志和缓解压力的句、段、篇发给女儿，她也会及时摘抄最喜欢的，把它们贴在自己写字台前的墙壁上，时时警醒自己，比如"要永远保持一颗平常心""成就不会使我喜悦，小磕小绊不会使我失落""人应当把每一次取得的成绩看作是一个新的起点，去争取下一个更好的成绩"。

尊重孩子的选择，做孩子坚强的后盾

女儿选择去南开中学读书，意味着选择离开父母，开始了独自闯荡的求学生活。父母纵有万分不舍也尊重孩子的选择，做她坚强的后盾。记得开学不久的一次物理测试，孩子的成绩不理想，再加上住校的各种不适应，晚自习后女儿打电话给我，电话那头传来了孩子低沉的声音，一股脑地向妈妈述说着来自各方面的压力与困惑。我听着女儿的哭诉假装镇定，始终安慰她并将一个乐观无畏的母亲形象传递给她。放下电话

之后我一夜无眠，哪个父母不为子女的未来担忧？如果此时父母也慌乱、迷惘，会让孩子更加六神无主。我始终告诉孩子，不要让别人打乱你自己的节奏，要心如止水。在父母的鼓励和自己的努力下，孩子的心态越来越好。

愿你在未名湖畔、博雅塔下继续做一个追梦少年。接到北大的录取通知书，意味着你即将开启崭新的大学生活。北京大学是全国骄子云集的地方，更是你梦开始的地方，希望你继续做一个有"文化"的人，将根植于内心的修养，无须提醒的自觉，以约束为前提的自由，为别人着想的善良，在生活的每一个角落时时处处践行，更希望你不忘初心，向阳而生，认真面对自己的选择，努力做最好的自己。

TIPS

● 从你出生起，每天爸爸妈妈都会给你讲故事。仍记得你几个月大时，带图识字卡片会让吃饭难问题瞬间土崩瓦解。每天晚上洗漱完给你讲故事，这件事一坚持就是十年，直到你自己会读书，读书成了你每天必须要做的事。

● 女儿没有午睡的习惯，从上小学起，每天中午都是先把上午老师布置的作业做完，然后进行检查。播种行为收获习惯。多次学业检测，女儿的成绩在学校都遥遥领先。

● 我和孩子约定每天用泡脚的时间来敷眼并听英语材料。刚开始基本听不懂，那就先看阅读材料，利用几分钟把材料看明白，再反复地听，并练习说。这样坚持了一个学期，女儿的英语水平就有了质的变化，坚持高中三年，高考英语获得了146分的好成绩。所以，每个优秀的人都有一段沉默的时光，那段时光必须有充分的忍耐和担当，踏实而务实，不沉溺幻想，不庸人自扰。

● 高中三年班级学霸如林，女儿的学习压力自然很大，我和她的沟通就更多了。我会及时将一些励志和缓解压力的句、段、篇发给女儿，她也会及时摘抄最喜欢的，把它们贴在自己写字台前的墙壁上，时时警醒自己。

家长陪伴手记

8

我与孩子共成长

执笔家长：冉玉峰

家长职业：公务员

学生姓名：冉与时

录取院系：元培学院

毕业中学：重庆南开中学

家庭教育是一个永恒的话题。在如今这个多元化的时代，家庭教育越来越受到关注。但是，很多家长因为缺乏有效的方法，在面对孩子的各种问题时，常常束手无策。有人戏称，如今有一种焦虑叫"中国家长式焦虑"，这种焦虑在一些家庭，从孩子出生甚至孕育的那一刻就产生了。很多家长是时时焦虑、事事焦虑、处处焦虑，似乎无处可逃。这些焦虑，有的是被逼无奈，有的是自我束缚。

我分析，主要源自几个方面的原因：一是子女太精贵，二是攀比心态，三是自身迷茫，四是期望值不断在变，五是应试教育和竞技教育的形势所迫。从这个意义讲，这个年代养育一个孩子确实艰难，似乎每个家庭都在为此负重前行。还好，国家"双减"政策闪亮登场，但愿每个家庭都各自顺势而为，少一些焦虑和捆绑。

我对于儿子包括现在对五岁女儿的教育都受父辈的影响很深，一是要求很严，二是有明显的家长制作风。这样的方式过去管用，现在不一定管用。我的体会：第一，一些传统教育方式不能丢，既然是传统就可以传承，就一定有其管用的东西；第二，很多教育专家的话需要辨别，不能全信，要结合实际；第三，要敢于不跟风、不媚俗，坚持应当坚持的做法和观点；第四，既不能让孩子野蛮生长，纵容其任性，也不能让孩子成为大棚蔬菜，扼杀其天性。

当然，世界上根本就没有什么放之四海而皆准的教育方法，也不可能有一劳永逸的解决方案。任何所谓成功的方式和经验都不能复制，无论哪种教育思想和流派，都得和我们所处的社会环境、时代氛围、自身情况结合起来。这些都是宏观层面的大道理，相信绝大多数家长都懂。我想跟大家交流的是微观层面的问题，与大家共勉。

个人体会，家庭教育最主要的有六个方面：习惯养成、规矩意识、兴趣培育、挫折教育、家校沟通、家长坚持。其中，最重要的是孩子的习惯养成和家长的坚持。

关于习惯养成

良好的教育是从习惯养成开始的。习惯养成是行为积累的结果，孩子一旦从某种行为中有了获得感，自然就乐意重复这种行为，从而变成他的习惯，变成潜意识。

个人建议，孩子的养成行为要立足于早。如果从小就养成了良好的习惯，至少就成功了一半。比如，在生活方面，什么时候起床、睡觉，起床后、睡觉前该干什么，都要有明确要求；在学习方面，什么时候做家庭作业，每天是否都读一点书，也要规定清楚。这两个方面的习惯都要在家庭成员之间形成共识的基础上逐步养成，包括出行在外都尽量不破例。这个事执行起来是非常难的，难就难在家长能否坚持。当然，这个问题还取决于很多家庭因素，比如隔代教育、父母背景、家庭环境等。如果孩子还处在学前阶段或小学低年级，家长一定要与学校密切配合，在孩子的习惯培养和教育理念方面尽可能保持一致。总之，良好的习惯是最为重要的，是一辈子都用不完的财富，将来的自律自控意识和水平很大程度奠定于此。

关于规矩意识

规矩意识既是自我约束，也是公序良俗。这个事也得从小就抓起。在这个提倡孩子个性化和民主平等的年代，家长们给孩子立规矩也要注意方法。

总结我们家庭的教训，我有三条感悟：一是规矩宜少不宜多，要尽可能简单实用；二是规矩要运用于所有家庭成员，不能只针对孩子；三是破了规矩就要有惩戒。比如，在家里，电视看多久，起床、睡觉的时间是几点，手机玩什么、玩多久，与父母对话的语气，等等，都应该有个规矩。在家庭外，对人有礼貌，过马路走斑马线，不乱扔东西，尊老爱幼，出门玩什么、玩多久、跟谁玩，等等，也该有规矩。现在为什么任性的孩子那么多，其实就是没有立规矩，没受过应有的道德约束和行为规范。

关于兴趣培养

爱因斯坦说过，兴趣是最好的老师。兴趣培养可以是主动的，也可以是被动的。即便是孩子天生就喜欢，也需要家长顺势而为；哪怕孩子一开始什么都不感兴趣，只要能够发现他的那个点，也是可以慢慢培育的。在这个快节奏的多元时代，家长对于孩子兴趣的培养，可以考虑动静结合。比如，一项体育运动、一项高雅艺术、某个方向的阅读引领，等等。

值得警惕的是，现在周围的很多亲戚朋友的孩子，平时至少都是上着两三个兴趣特长班，特别到周末和假期更是日程满满，什么奥数、作文、英语、书法、口才、游泳、跳绳、跳舞、钢琴……不一而足，从一开始就让孩子背上了重重的行囊，把一家人自己给内卷了。这些父母把孩子的读书生涯当成一次长跑比赛，一开始就让孩子负重前行，既想赢在起跑线，又要咬牙坚持到最后。这就是前面提到的竞技教育的形成。我认为，这根本就不是什么兴趣培养，也完全不符合孩子的成长规律，这分明是家长的功利心态使然。十八般武艺什么都想练是不切合实际的，很多项目只适合极少数人群，比如奥数、钢琴之类。不要认为孩子在一个时期奥数行了、作文行了、口才行了就是成功了，那只是阶段成果和局部胜利，真正的兴趣是较长时间的积淀并伴随一生的。所以，对于孩子的兴趣培养尽量少而精，项目多了精不了，压力大了兴趣也成不了。

关于挫折教育

挫折教育的目的是激发孩子的潜能、磨炼孩子的意志、降低面对失败的风险。这一点，现在很多家庭都缺失，也是最令家长们头疼甚至惧怕的事。如果从小就缺乏该有的管束，没有让孩子吃苦的机会，长大了十有八九会变成包袱。这个事是我们这一代家长应该共同面对的课题。

我认为，一定要有意识地安排孩子受挫，而且越早越好，越多越好。真到他们长大了，特别到了所谓的"叛逆期"就不好刹车了。比如，从小就让他干自己该干的事，让他力所能及地替父母分担家务，让他参与相对安全的社会实践和劳动，让他挑战不可能，等等。只有让孩子在事上磨、不断磨，才会逐渐历练其心志，才会让他内心强大。如果我们事事操心，最终就会变成事事担心，连喝口水都怕他烫着那就完了。久而久之，溺爱就形成了，孩子的抗挫能力就弱了。

关于家校沟通

家校沟通的目的，其实就是掌握孩子在家庭与学校之间的对称性，以便家校之间开展有针对性的互动教育，形成共育合力。家长需要了解老师，老师也需要了解家长，如果缺失任何一方的跟进配合，我们的教育都是不全面的，孩子的心理发展也可能是不健全的。关于这个方面，家长应该主动一点。

一直以来，我特别注重了解孩子在课堂的专注度、与同学相处的融洽度、参与集体活动的活跃度、历次考试结果与平时表现的匹配度。通过对孩子在学校实时动态的了解掌握，调整家庭教育的介入方式，进步时因势利导，下滑时分析原因，得意时压其锋芒，受挫时加油鼓劲。当然，我与老师的沟通一般也很注重把握基调和节奏，首先是基于对老师的信任和尊重，沟通的方式大都是微信和电话，沟通的频率也不必太高，毕竟老师要应对很多家长，特别是班主任老师，我一般都是在一些重要的节点与其进行沟通，比如开学后、考试后、家长会后、孩子心态出现变化之后。这么多年来，从幼儿园到高中，我与儿子的老师甚至校长都保持着必要的沟通，我个人认为这一条很重要、很管用。

关于家长坚持

孩子的成长是与家庭环境的稳定和家长管教的理念息息相关的，以上提及的五个方面，尤其是孩子的习惯养成、兴趣培养，如果没有家长自始至终的坚持，往往就会半途而废。这个坚持包括耐心的引导、及时的表扬、良好的示范、坚决的态度、父母的默契等。比如，在幼儿园阶段，孩子不好的行为习惯要不厌其烦地去纠正；在小学阶段，孩子每天的作业完成情况，家长再忙都要翻阅检验；在中学阶段，每每遇到孩子心理的变化，家长尽可能地静下心来沟通疏导。再比如，为了不让孩子迷恋手机，家长要敢于约法三章并监督实施；为了让孩子把某一种兴趣持续下去，家长要耐着性子去引导和鼓励，等等。要做到跟孩子的成长长期同频共振是非常考验家长的意志力的，需要超越一般的付出，在某种程度上会限制家长很多的自由。但是，如果家长在总体节奏上不跟着孩子的成长一起走，过分地相信凭孩子自身的天赋就能自立自律，这样的想法是不可取的。

当然，家庭教育除了以上几个方面，我认为还有两个方面也比较重要。

一是遭遇困难时要借力借智。当父母因为工作原因、生计原因、管教乏力原因等无法跟进时，可以暂时借用外力来弥补家庭教育的不足。比如，当孩子厌学、受挫、心理波动较大时，借助孩子比较信赖和崇拜的老师、校长、长辈、身边有影响力的人的引导和点拨，往往比我们父母管用得多。

二是父母的自我提升。也就是父母要加强学习，不断更新自己的认知，与孩子共同成长。陪伴是最长情的告白，而与孩子共同成长恰恰是最好的陪伴。首先，要求孩子做到的，父母尽量能做到，孩子最反感的就是强制。其次，父母作为孩子的第一任老师，理应跟上时代的步伐与孩子同频共振，否则我们的管教就会显得很苍白，跟不上他们成长的节奏。这个方面，我本人做得很不够，现在对于二娃的教育很多时候都还没跳出经验和传统的束缚。形势在变、要求在变，我们每一个家长都应该变。

三是对孩子的基本尊重。这里所说的"尊重"包含三层意思：一是对天性的尊重，二是对个性化发展的尊重，三是对人生选择的尊重。这些尊重是建立在一定原则范围内和平等沟通的基础上的，并且随着孩子的成长，很多内容家长要不断地引领和修正。

TIPS

● 如果从小就养成了良好的习惯，至少就成功了一半。比如，在生活方面，什么时候起床、睡觉，起床后、睡觉前该干什么，都要有明确要求；在学习方面，什么时候做家庭作业，每天是否都读一点书，也要规定清楚。这两个方面的习惯都要在家庭成员之间形成共识的基础上逐步养成，包括出行在外都尽量不破例。

● 只有让孩子在事上磨、不断磨，才会逐渐历练其心志，才会让他内心强大。如果我们事事操心，最终就会变成事事担心，连喝口水都怕他烫着那就完了。久而久之，溺爱就形成了，孩子的抗挫能力就弱了。

● 一直以来，我特别注重了解孩子在课堂的专注度、与同学相处的融洽度、参与集体活动的活跃度、历次考试结果与平时表现的匹配度。通过对孩子在学校实时动态的了解掌握，调整家庭教育的介入方式，进步时因势利导，下滑时分析原因，得意时压其锋芒，受挫时加油鼓劲。

● 在幼儿园阶段，孩子不好的行为习惯要不厌其烦地去纠正；在小学阶段，孩子每天的作业完成情况，家长再忙都要翻阅检验；在中学阶段，每每遇到孩子心理的变化，家长尽可能地静下心来沟通疏导。

9

跨过现实的栅栏

执笔家长： 宋玉清

家长职业： 教育工作者

学生姓名： 平　行

录取院系： 信息科学技术学院

毕业中学： 浙江省杭州第二中学

获奖情况：
- 第 37 届全国中学生物理竞赛（省级赛区）二等奖
- 第 38 届全国中学生物理竞赛（省级赛区）二等奖
- 第十八届"叶圣陶杯"全国中学生新作文大赛初赛一等奖

幼儿园篇

　　小平出生在一个部队家属院里，大院里特别好的地方就是"地广人稀"，家庭和家庭之间很熟络，孩子与孩子之间没有隔阂，一呼百应。孩子们在宽阔的院子里可以尽情撒欢和快速奔跑。部队家属院里有一个不大不小的树林，那里有成片的高大遮阴的樟树，一年四季常青，大大小小的孩子们可以在那里自由玩耍，捡各种落叶，拿树枝当玩具，在泥地上画画——总之，他们想做什么都可以。在这样一个各方面都特别安全的院子里长大的孩子体能很好，而且心胸开阔，心思也特别单纯。

　　就这样，在无拘无束的环境下，小平很快到了进幼儿园的年龄。孩子在3～6岁有很多成长的关键敏感期，我就把想到的最重要的三件事列上来吧。

第一件事：做好阅读启蒙

　　这个阶段是孩子语言和阅读能力发展的关键期。我认为主要是做好中文阅读启蒙，激发孩子的阅读兴趣，提供的图书种类要尽量杂。

记得小平两岁多的时候，有一次他感冒发烧，我和平爸带小平去杭州市儿童保健医院。在等待挂号的过程中，停车场里渐渐停满了各种车子。平爸自己极爱车，于是一辆一辆教着小平认车标，就这么认过一次后，路上再看到之前教过的车标，小平居然都能说出来。我意识到，孩子对图案很敏感，对车标非常感兴趣，于是回家拿着将近百种车标，给她看过、认过几遍就都记住了。既然女儿对图案是敏感的，而文字与车标一样其实都是一种图案，抱着只要基于孩子的年龄特点、遵循孩子的兴趣、方法得当，任何阶段任何学习都可以进行的想法，我开始教女儿认字。（不建议教写字，因为这个年龄的孩子双手的小肌肉还没有发展好。）

当时的想法是遵循三个原则：单张识字卡要慎用，死记硬背法要禁用，不感兴趣不强求。我采用的是从绘本中、从故事中、从周围的生活环境中、从游戏情境中去识字的方法，我把它叫作"整体识字"法。拿一本绘本来说，把这本绘本的故事反复给孩子讲，一边翻看一边讲，直到你说上一句孩子可以接下一句，然后过渡到由孩子手口一致点读该绘本的故事——在这样的过程中，孩子不知不觉地认识了这些字。

还可以用识字卡玩识字游戏。比如，拿出兔子的图片，让孩子找"兔"这个字；"汽"和"车"两个字拆开放，出示汽车图片后，让孩子找到这两个字组在一起。出门的时候，可以教孩子认广告牌上的字、认商店门口的字。总之一句话，在情境中和游戏中用潜移默化、多次重复的方法认字，不要让孩子反感就好。这样，两岁多的小平从生活和游戏情境中识得了人生的头300个字。有了这300个字的铺垫和开路，小平就这样轻松开启了独立阅读之路。

从中国经典民间故事到安徒生童话，从中国古典文学到西方社科类书籍，孩子看书如痴如醉、废寝忘食，阅读速度也越来越快，大班开始达到近乎照相机般的扫描式阅读，家里书籍存货很快不足。于是我们一周一次往杭州市图书馆跑，从成千上万的藏书中甄别选择优秀的读本。一开始一个月借6本，后来增加到10本、20本、30本。小平也由一开始每年两三百万字的阅读量，逐渐上升到每年几千万字的阅读量。小平小学毕业时，我们一家三口的3张图书借阅卡上的借阅记录已达2000多条。

如果在这个阶段，孩子对识字不感兴趣或识字量还非常少，不可强逼孩子，可以由父母以讲故事的方法激发孩子早期阅读的兴趣。如孩子愿意看书，家长可选择字少图大的绘本，在网上搜索"经典100本绘本"进行选择即可。

从大班开始，面向儿童的读物里，安徒生、王尔德的童话是大家都认可的优秀作品。家长还可以关注一些国际相关的奖项，其获奖作品都可以作为选书的参考。

英文阅读比较简单的做法就是选择分级读本，或选择孩子感兴趣的国外绘本原版书，多听原版童谣、儿歌，看原版动画片等。大量输入才能大量输出，小年龄孩子建议重输入。我认为，作为一名中国人，我们应该首先把中国文化根植于心，在大量接受中国传统文化浸润，建立了中文逻辑思维之后，再开始学习英文也不迟。

第二件事：进行逻辑思维训练

幼儿园大班到小学三年级是孩子逻辑思维能力训练的关键期，过了三年级，一般来说就比较难培养了。

我以数学学习为例展开讲。

早期数学教育的目标不是知识的积累，不是单一的数数和计算，而是思维方式的培养，让孩子感受数学文化。

途径之一：从生活中感受无处不在的数学

引导孩子感知和体会生活中很多地方都用到数，关注周围和自己生活密切相关的数的信息，体会数可以代表不同的意义。例如，"6"代表6颗豆、6点钟、6支雪糕等；我的家的门牌号、楼层是多少，几路公交车可到家、需要坐几站等；我的家人：性别统计、姓氏统计、高矮比较、手机号码等。

途径之二：数学绘本阅读

幼儿园数学绘本推荐：《最小的风妖精》《走进奇妙的数学世界》《1，2，3？数动物》《100层的房子》《五味太郎思维游戏书》《汉声数学图画书》《空间思维大挑战：立体王》《数学真有趣》《好玩的数学绘本：花妖精的生日派对》《好玩的数学绘本：蜡笔的颜色大比拼》等。

从大班开始，孩子可以在阅读中做一些思维训练游戏，如"比一比""找规律"等。电子产品可以偶尔用一下，但建议还是以纸质书为主。

途径之三：灵活双手、锻炼大脑

可以选择如叠垒乐、乐高等搭建类积木，以及智慧金字塔魔珠、孔明锁、挑棍智力游戏棒、数独、扑克牌（算24点）、智力拼图、华容道、魔方、七巧板、各种棋类等。尽量选择低结构的玩具，高结构的玩具（比如遥控类电动汽车）不利于孩子的思维发展。如果家长有精力，孩子也感兴趣，建议系统学一个棋类，这对思维开发有好处。

对于幼儿园阶段的孩子来说，培养逻辑思维能力一个很重要的原则就是自然渗透、保护兴趣。

第三件事：与大自然亲密接触

理查德·洛夫出版的《林间最后的小孩》一书，首次提出了"自然缺失症"这个术语。他认为"自然缺失症"并不是一种需要诊断或治疗的疾病，而是现代社会中一种危险的现象，即生活在现代城市中的儿童与大自然的完全割裂。这个问题现在很普遍，令人担忧的是，很多家长对此并没有引起重视。

从根本上来说，人类是自然之子，人永远离不开天地万物的滋养。带孩子去感受风儿吹过皮肤的感觉，触摸一片橡树的叶子，去欣赏一朵雏菊的花瓣以及一颗蒲公英的种子；或者，去聆听婉转的鸟鸣和潺潺的流水声，欣赏天边绚丽的晚霞……让孩子与花草树木共成长，与蛐雀蛙蝉齐吟唱；与小伙伴一起体验探究阳光雨露、风霜雨雪的秘密，享受与大自然亲密互动的欢乐时光。在天地万物间，让孩子拥有一双发现美的眼睛，知道蓝天是美的，绿树是美的，蝴蝶是美的，汩汩流淌的小溪是美的。

我们所在的部队家属院绿化情况非常好，是一个天然的大氧吧。到周末或假期，我们还经常带小平到大自然中自由奔跑。在小平的幼儿园阶段，我们几乎爬遍了杭州的山、玩遍了杭州的公园，有时间还和小伙伴们一起到周边的小城和农村走走。

小 学 篇

带着期待的心情，小平进入了杭州市濮家小学（后因我们工作的原因，二年级时小平又转学到杭州市文海实验学校入读直到小学毕业）。

因为小平识字早，在升入小学一年级之前已经读了上百本书，所以小学一年级的课程对她来说非常简单。班主任语文老师说，小平的阅读量已经达到了五六年级孩子的水平。

如果说幼儿园是阅读启蒙阶段，那么小学这六年则是海量阅读的大好时机。在孩子小学阶段，我们帮孩子做的三件事是：

第一件事：阅读

第一，激发和保持阅读兴趣，精心选择"桥梁书"

所谓"桥梁书"就是能构建孩子顺利走向热爱阅读的道路的书籍。用优秀的绘本和一些有趣、轻松的小说式的儿童作品作为桥梁书，对于增强孩子的阅读兴趣是很有效的。比如，国内的作品，我推荐孙幼军的《小布头奇遇记》、曹文轩的《野风车》、汤素兰的《小巫婆真美丽》、沈石溪的"动物小说"系列、葛冰的《窗外有一张怪脸》、冰波的《晚安，我的星星》、杨鹏的《装在口袋里的爸爸：神仙爸爸》；国外的作品，我推荐捷克的《鼹鼠的故事》，美国的《我的宠物是恐龙》《黑森林的秘密》《雾灵三部曲》，德国的《胡桃夹子》，奥地利的《冒险小虎队》，法国的《列那狐的故事》，等等。

这些作品亲切而富有想象力，很符合孩子们的年龄特征。家长切忌一上来就提供给孩子长篇、枯涩、难懂的作品，那样会让他们觉得阅读是一件很辛苦的事情。

第二，多种阅读形式，丰富阅读感受

阅读绝不仅限于纸质书阅读。对于低年龄段的孩子，如果有条件，可以通过将文学作品与影视作品相结合的方式进行阅读。比如《夏洛的网》《暮光之城》《堂吉诃德》《鬼妈妈》《查理和巧克力工厂》和"金庸全集"等。可能会有家长说：让孩子提前接触成人的情感类作品，孩子会早恋吗？我想，爱情是人类最美好的情感，为什么要藏着掖着、不让孩子接触呢？拿金庸的作品来说，篇幅中也有不少对于爱情的描写，但是他的作品想象力丰富、文字优美，善于把江湖传奇和历史风云、人生哲学与民族传统文化融为一体，特别是对人物深刻细腻的心理描写、人物命运安排的匠心独运的处理，有着很高的文化含量。这些大师的文学作品对孩子的影响力是巨大的。

第三，分享阅读感受，与孩子共成长

对于阅读体会，应该"不在乎结果，只在乎过程"。有些家长认为，孩子看了书就得要一个结果，于是任务式地让孩子说出这本书讲什么，或者直接写读后感。这样单一而生硬地分享阅读的方式对于低龄的孩子来说很不合适。其实孩子看完一本书后如果觉得有趣，他自然会主动跟你分享。这时家长就要抓住机会，认真又轻松地跟孩子聊聊：故事里有谁？你觉得里面什么事情让你觉得很有趣？语气表情要适当的夸张，感情要真挚和投入。比如，我们可以积极地回应孩子："哦，这是真的吗？""原来是这样啊，那真是太可怕了！"……当然如果有可能，家长抽出时间来翻翻这本书，了解一下书的大致内容那就更好了，否则你跟孩子的交流将会浮于表面和流于形式。家长到底有没有在敷衍孩子，孩子心里最清楚。

第四，提倡中性化培养，阅读避免走极端

阅读中有两种极端。一是如上面所讲的追求"高蛋白、高营养"的阅读，追求显性结果。二是只追求"口感"、无营养的快餐式阅读，每次阅读只看自己喜欢的书籍类型，一味追求"快感"。另外，孩子的阅读面不应太窄，例如，只给女孩阅读童话，让她喜欢风花雪月；只给男孩阅读科幻，让他喜欢冒险打斗。孩子在阅读的时候确实很"快乐"，但是长期进行这样的单一、浅层次的阅读，没有阅读广度和深度的要求，势必得不到成长所需的"营养"。所以，我提倡在阅读能力上的培养上不要拘泥于性别，男孩在看一些大气的书同时也需要看些细腻的书，女孩则不要局限于虚构的小说，要涉猎方方面面，如历史、地理、天文、哲学、物理、化学等。

第二件事：数学逻辑思维能力的培养

首先，一切学习始于阅读，数学也一样

我认为，数学远不仅仅是题目，数学是一种文化，数学素养也需要积淀。大量的阅读能在一定程度上提高孩子的数学素养。以下是小平眼中精彩的数学类书籍，这些书籍深入浅出，用一种非常有趣的语言和形式来阐述数学中几乎所有的问题。

小学低段：《数学花园漫游记》《好玩的数学》（中国），《奥德赛数学大冒险》（韩国），《数学真好玩》（意大利），《数学帮帮忙》（美国），《幻想数学大战》（韩国），《天哪！数学原来可以这样学》（日本），《我是数学迷绘本故事》（美国）。

小学中高段：《冒险岛数学奇遇记》（韩国），《李毓佩数学童话总动员》（中国），《可怕的科学·经典数学系列》（英国），《从一到无穷大》（美国），《别莱利曼趣味科学系列》（俄罗斯），《1000个思维游戏》（美国），等等。

其次，关于数学思维训练

重视计算。数学的计算学习就像语文的识字学习，是最基础的。不识字，语文读不好；计算差，数学同样学不好。

重视生活中的数学。买东西、计算利率、盈利等，这些都用到数学。你可以在生活中有意识地跟孩子提数学问题。比如，自然界中的斐波那契数列（又称兔子数列）——各种花瓣的数量（如向日葵）、植物的叶根茎的规律、兔子的繁殖等，每天早上起床如何用最少的时间做最多的事情这类的统筹安排问题，超市里购买同类物品的性价比的问题，等等。别小看这些，这些问题其实就是生活中的数学问题，孩子在生活中接触越多，他对数学这门学科的兴趣就会越大。

重视培养画图解题的能力。不要小看画图，它能化抽象为直观，帮助孩子理解题意，这是一种很好的学习方法。图能化繁为简，直观找到解题的突破口。我们是从小平小学三年级开始培养她的这方面能力的。

数学思维训练越早开始越好，孩子若是感兴趣，在幼儿园大班或者小学一二年级就可以开始了。小平在一二年级时数学学习的重点是打基础，如培养思维习惯、练习计算等。从四五年级开始，家长可以每天陪孩子做3～5道数学题，不要让孩子的思维停留在舒适区，要相信大脑是越用越好的。

选好教材。例如，张天孝的《小学数学思维训练》内容比较简单，可作为启蒙教材。等孩子入门后，可以使用江苏教育出版社的《小学奥数读本》或者单墫主编的《奥数教程》。

第三件事：培养坚定的意志力，激发学习的内驱力

我在教育系统工作20多年，发现对什么都无所谓的孩子，一方面可能是从小到大成就感获得不够，经常被打击，没有足够强的自尊心所致；另一方面可能是精神上没有一种主动想"要"的需求，凡事差不多就行了。

记得在小平9岁那年，平爸带着她去莫干山玩。同行的几个孩子都

比小平大。将近 39 度的高温天气，另外几个孩子都被父母安排坐轿子上了山。小平一开始也想坐，平爸说："我们有健全的四肢，能走能跑，为什么要坐轿子？自己爬上去！"就这样，父女二人一步一步往上攀登，全身被汗水湿透，头发像在水里刚浸过一样。在登顶的那一刹那，孩子成就感满满。也就是这样一次次的活动，培养了孩子肯吃苦的意志力，激发了孩子好胜心和内驱力。

最后提一下小学阶段的英文学习。通过大量阅读先输入依然是学习语言的最有效方法。小平在六年级时候通过大量英文原版小说的阅读和学习《新概念英语》让自己的英文水平得以突飞猛进。

初 中 篇

2016年小平小学毕业，顺利成为一名初中生，就读于杭州市建兰中学。在初中这个阶段，孩子的三观开始初步建立，内心开始要求独立和自主，身心各方面都在迅速成长。在这个阶段，亲子关系成为家庭成员能否合力的重要基础，沟通顺畅了，父母的规划和协助才会真正落实到位。

我们要意识到自己的成长环境和孩子的成长环境是截然不同的，试图控制孩子是绝大多数父母的通病。了解孩子，理解孩子，努力善解人意的父母，是初中阶段父母的必修课。

孩子在初中阶段，父母要做好以下三件事：

第一件事：做"会说话"的父母

有句话说：孩子不听你的，是因为你的话不好听。孩子已是一名初中学生，能说服他们的更多的是逻辑，别打无用的感情牌。所以，家长跟孩子谈一个话题，得有理有据，要有充分的准备。沟通也不要只局限于"大论题"，不要动不动就谈学习。很多家长都比较"厉害"，不管讲什么都能回到"学习"这个主题上来，谈话内容有且只有学习。设想一下，身边有一个人动不动就给你灌鸡汤，每天勉励你要好好工作、好好奋斗，你的感受如何呢？

所以，我们在跟孩子沟通的时候，除了学习话题，多讲讲轻松愉快的事情，还可以分享自己的工作生活和经历。

另外，对于孩子好的行为，不吝啬你的表扬和夸赞以此进行强化。表扬和夸赞可以让孩子获得成就感，成就感可以激发多巴胺，孩子做得更好，再分泌多巴胺，循环往复……所以，孩子是越夸越好的，而不是越骂越好的。当然夸也不是随意和虚无的，而是落在具体的细节当中，小细节大表扬。你夸孩子很棒，棒在哪里？哪个细节做得好？为什么觉得这个做得好？

小升初那一年暑假有练字作业，小平不愿意练，勉强交出的一张字，我一看，全都写得歪歪扭扭。

我压下心中的不满，拿来一支红笔，认真地把几个相对好的字圈出来："你看，这个字横平竖直，这个字没碰到格子边，你居然可以写出这么漂亮的字。这几个字写得真好！"第二次，小平的字就写得认真一些了。

第二件事：做孩子学习成长的引路人

如果说小学阅读是一个海量阅读、大量吸收新知识的阶段，到了初中就是一个"从随性到规划，从泛读到精读"的过程。从三岁接触阅读开始算起，十一二岁的孩子因为有着小学六年的语文基础知识的学习和七八年的阅读积累，他们在阅读上已经形成初步的个人风格与喜好，而人性本质都是懒惰的，这时候家长如果不及时引导，孩子就会下意识地选择过于轻松的、纯粹消遣的作品，好玩的、好看的书会第一时间进入孩子们的阅读视野。在初中阶段，家长可以有意识地引导孩子读一些"费脑""费力气"的和不同领域的经典书籍。

其次是认清孩子，有预见性地做一些规划。每个孩子的家庭背景不同，他属于社交型还是科研型，成长规划都是不同的。并不是每一个孩子都能考进杭州二中、考进北大清华的。孩子大概处于哪个位置，家长的认知要理性。在理性认知的基础上，设定一个孩子跳一跳能够得着的目标，帮助和鼓励孩子冲刺一下。

最后是在初中阶段跟孩子一起讨论出一些比较好的学习方法，加以实践运用，为高中阶段的学习做好铺垫和准备。比如，学习环节中的"复盘总结"，对于初中后续的学习以及高中阶段的学习有着至关重要的作用。进了初中，我们会发现很多孩子非常努力，甚至不惜采用减少吃饭时间的做法用来学习，但学习成绩并不是很理想。很可能这个孩子只是盲目刷题，从来不总结复盘。考不好要分析，考好了更要分析，分析一张卷子比盲目刷10张卷子重要得多。对于错题要重视，对于考得好的卷子也要做经验总结：为什么这次能考高分，是不是步骤更规范了，是不是注意画关键词了……经验和教训一样重要。

第三件事：做定海神针型的父母

这主要指的是在孩子心中，父母的情绪是稳定的，父母是可以依赖的。

家长淡定，孩子就不着急，学习就有动力。

跟小学阶段相比，到了初中，"考试和成绩"这件事会更明确地提上日程，大考小考明显增多，特别到了初三，每次月考、"一模"、"二模"以及临近中考的时候，孩子的精神都很紧张。在这个时候，我们要做一个善于换位思考和体贴的父母。在孩子的成绩排名不理想时，你是冷嘲热讽"早就跟你说过……"，还是感同身受地体会理解孩子的情绪？哪个孩子不想考好呢？考得不好的时候，孩子心里比家长更难过。孩子的考试成绩排名起伏的时候，父母在孩子面前千万不要乱了阵脚，纵然内心翻江倒海，表面你得云淡风轻。如果家长都慌了，让孩子怎么办？

小平进入初中的第一次期中考试，语文只考了78分。

"批卷有问题吧？"拿到成绩的小平一时间不敢相信，带着牢骚和委屈说。说实话，我也被这个分数给惊讶到了，心底出现了从未有过的发虚的感觉——以前，语文从来不是我们会发愁的科目。

但我保持了非常镇定的表情，底气十足地告诉女儿："你小时候读过那么多书，不会白读；你小时候写过那么多小说，不会白写。如果你这个浙江省少年文学新星的语文都学不好，那不是你的错，那是当下语文教育的悲哀，我们大不了换条赛道，也不怕的。但是，语文科目既然能打分，就一定有它的规律和规则，别人能学好，你比别人更有可能学好。从小到大你的学习能力妈妈非常了解。"

听了这番话，小平的脸上露出了轻松的笑容。后来，她的语文学习越来越顺畅，很大原因是心里的一块石头放下了。

进入初三，临近中考，很多家长和孩子会感觉压力倍增。这个时候，建议家长跟孩子一起把后面可能面临的结果一一列出，然后分析优劣，找出应对的办法。当时我们的分析是：

教育部的新加坡SM1项目是否参加？有什么优点和缺点？

能不能轮到保送杭州二中？如果不能，放弃保送，参加中考你怕不怕？

如果没考好掉到另一所学校，你可能面临的最差结果是什么？在这所高中里，你是不是就变成了另外一个你？是不是就一定考不上好的大学了？

……

把每一种情况的可能性都列出来，发现其实面前并非独木桥，而是有很多路可以走。了解到最差的结果其实并没有那么可怕，孩子的心里就踏实了，就能心无旁骛地投入到学习中去了。

高 中 篇

2019年，小平顺利通过保送进入杭州二中，全新的阶段开始了。我们都知道，高考非常重要，但我们也明白，高中阶段是三观逐渐成熟的重要阶段，让小平成长为"全人"依然是我们追求的重要目标。经过幼儿园、小学、初中的用心陪伴，高中生的家长在学习这件事上能做的事情并不多。所以，前期投入越多，后期家长越轻松。

在孩子的高中阶段，我们作为家长能做的四件事是：

第一件事：合理定位，见贤思齐，历练心态

进了高中，首要是正确引导孩子在高手如云的环境里让自己更好地成长。要让孩子明白，别把优秀的同伴当成对手，而是当成跟自己并肩作战、互相促进的战友。在学校里要主动找机会跟各个"领域"优秀的人在一起，历练学习，共同成长。

比如，小平的学校里有个田径超级厉害的女孩，她是某届浙江省中学生运动会800米长跑冠军，晚自习下课后小平跟着她跑步，体会这种拼尽全力也无法追赶的感受，这很有意义；小平的前桌进了全国中学生化学竞赛决赛国家集训队，提前半年保送北大，小平常听他讲化学世界的精彩与美妙；小平的好朋友获得了国际物理奥林匹克竞赛金牌，是亚洲赛区第一名，小平可以看她如何全力拼搏所热爱的物理，学习她的勤

奋和严谨；小平的同桌是"社牛"，小平可以跟她学习怎么主动、积极与人打交道……每一次跟这些优秀的人在一起都是见识人外有人、天外有天的好经历，而每一次经历都是一次心态的历练。如果躲在自己的小天地里偷偷做自己的冠军，对成长并无多大的益处。

第二件事：呵护兴趣，劳逸结合，守护动力

即便是在学业紧张的高中阶段，阅读和写作依然应该是孩子汲取精神食粮和放松情绪的重要途径。小平在高中除了担任学校健身俱乐部副部长和桃李文学社文创部部长的职务、热衷组织和参加各种社团活动之外，每年还会阅读六七十本中英文书籍，从高二开始的寒暑假写上万字左右的小说也一直坚持到高考前的那个寒假。这是孩子的爱好，也是她放松的方式。

尽管我们有时也会有些小纠结，毕竟高考是高中阶段的重要任务之一，但我明白，文武之道贵在一张一弛，每个孩子都有自己独特的学习节奏和模式，尊重孩子的节奏、守护孩子的兴趣才能守护孩子的学习动力。同时，我们在选择阅读书目这件事上，把主动权完全交给了孩子。为了跟上孩子成长的步伐，每周我们也会定期读书，到了周末我们会交流一周以来各自的阅读心得。对于小平写的文字，我会逐字逐句地细读和欣赏。在这个过程中，一方面我们和孩子之间很好地完成了心灵与思想的交流，另一方面也实现了价值观趋于统一。

第三件事：倾情陪伴，随时留意，适度介入

经过前面9年的学习，大部分孩子已经形成自己独特的一套学习方法和习惯，所以高中生的家长在学习细节方面无须对孩子干涉过多。如

果进入特别好的高中，孩子在身心情绪方面比成绩更值得关注。比如，孩子有没有融入班集体中？住校生活是否习惯？食堂的饭菜是否喜欢吃？学校里有什么有趣的社团活动？老师的风格与初中相比有什么异同？……这些看似不起眼却又如同空气般无处不在的一件件零零碎碎的小事，如果都处理好了，各方面运作也就顺当了，成绩和排名也自然是水到渠成的结果。

在小平住校的每个晚上，我们都会与她通电话，随时了解她的思想和情绪动向；不管多忙，周末一定会抽出时间带她去周边的自然景区走走。我们边走边聊，聊学校里发生的有趣的事情，聊学习，聊社会生活，既聊开心的事情也聊不开心的事情。在钱塘江边，在龙井，在九溪，在虎跑，在孤山，在六和塔下，在各个博物馆里，在一个个绿树环绕的天然氧吧里，我和小平携手漫步，迅速解除了她一周紧张学习的疲惫，使她动力满满地迎接新一周的到来。这个习惯一直坚持到了小平高考的前一天。

到了高中，成绩仍是家长心中紧绷的弦，我们平时也有被孩子分数的起伏惊到的时候，但是我们总体比较淡定，至少表面上做到了波澜不惊。由于我们良好的亲子关系，小平也是在每次考试后坦然地告诉我们分数和排名。

第四件事：了解政策，收集资源，劳逸结合

我在小平读初二的时候就开始了解北大夏令营，并且在刚进高中的时候，找到一位孩子跟小平差不多位次的热心的学长妈妈了解相关的推荐政策。

了解政策后，我们认真对待高中阶段的每一次大考，高二暑假争取到了入营资格，并利用前期购买的教辅资料充分备考，在北大夏令营的考试中名列全省前列，拿到了优秀营员，获得了北大招生组的关注；

后续又通过高考首考，拿到"北大强基计划"A+的优惠。同时，我们充分了解"北大强基计划"的专业设置、培养方案以及复旦、交大、浙大的"三一"政策，听相关讲座，全方位做好各种资料的准备。虽然到最后，小平通过高考裸分进入了北大，"强基"优惠以及复、交、浙"三一"报名都没有用上，但这些充分的准备也具有相当的积极意义。

其意义在于：自己主动把握节奏，对一切了然于心后，父母的情绪稳定，从而亲子关系稳定；孩子拿到"优惠约"后，动力十足——拿着"优惠约"就相当于套着救生圈游泳，这比裸泳在心理上更能做到从容不迫。高考是在一个高压的环境下进行的，心态稳定就是压倒一切的关键因素。

我们深知，孩子到了高中，不仅拼脑力也拼体力。小平平时住校，每个周末回家，我和平爸都会倾尽全力安排好食谱，做到营养均衡、科学饮食。从高三开始，平爸还会在每周三傍晚开车40多公里给小平送去一份可口的饭菜。在高考前一个月，我们在学校对面的小区租了房子，节省下路上奔波的时间用来放松和健身锻炼。不管学业多么紧张，小平每天都会坚持傍晚40分钟的健身和晚自习下课后3000米的长跑。饮食合理了，运动坚持了，劳逸结合了，孩子的生活和学习节奏一直很稳定。小平做到了高中三年全勤。

回顾这12年的基础教育，我们觉得很幸运：从幼儿园到高中，小平上的都是当地最好的学校；一路碰到的都是最优秀的老师，他们授业解惑，是孩子心中最伟大的人生心灵导师。不管是在学习上还是生活上，老师们对女儿包容鼓励、关爱有加，像一座座高高的灯塔，照亮孩子前行的道路，滋养着女儿健康成长，让她快乐幸福，斗志满满。

作为家长，我在陪伴孩子成长的过程中，始终遵循了以下原则：学校做学校的事情，家长做家长的事情，孩子做孩子的事情，互相配合，彼此不越界。我们深知，一个家庭的氛围就是一个隐形的"场"，这个"场"好不好，对于孩子成长的影响既是潜移默化的，力量又是巨大的。我心目中一个好的"场"是这样的：每一个人为自己的目标而奋斗，状态积极向上，同时成员之间各自独立又能互相关心、互相协助。

好雨当春生，润物细无痕，家庭教育需于"三米处"浇水着力，手握孩子成长的那根风筝线，充分尊重孩子，让孩子感受父母无条件的爱，体验发自肺腑的快乐，在孩子心中种下爱和希望的种子，构建起自爱、自尊和自信，从而形成一条连接未来的精神通道，让陪伴孩子成长之路成为人生一场最美丽的修行。

TIPS

● 拿一本绘本来说，把这本绘本的故事反复给孩子讲，一边翻看一边讲，直到你说上一句孩子可以接下一句，然后过渡到由孩子手口一致点读该绘本的故事——在这样的过程中，孩子不知不觉地认识了这些字。

● 尽量选择低结构的玩具，高结构的玩具（比如遥控类电动汽车）不利于孩子的思维发展。如果家长有精力，孩子也感兴趣，建议系统学一个棋类，这对思维开发有好处。

● 对于阅读体会，应该"不在乎结果，只在乎过程"。有些家长认为，孩子看了书就得要一个结果，于是任务式地让孩子说出这本书讲什么，或者直接写读后感。这样单一而生硬地分享阅读的方式对于低龄的孩子来说很不合适。其实孩子看完一本书后如果觉得有趣，他自然会主动跟你分享。

● 你可以在生活中有意识地跟孩子提数学问题。比如，自然界中的斐波那契数列（又称兔子数列）——各种花瓣的数量（如向日葵）、植物的叶根茎的规律、兔子的繁殖等，每天早上起床如何用最少的时间做最多的事情这类的统筹安排问题，超市里购买同类物品的性价比的问题，等等。别小看这些，这些问题其实就是生活中的数学问题，孩子在生活中接触越多，他对数学这门学科的兴趣就会越大。

● 沟通也不要只局限于"大论题"，不要动不动就谈学习。很多家长都比较"厉害"，不管讲什么都能回到"学习"这个主题上来，谈话内容有且只有学习。设想一下，身边有一个人动不动就给你灌鸡汤，每天勉励你要好好工作、好好奋斗，你的感受如何呢？

● 在孩子排名不好看时，你是冷嘲热讽"早就跟你说过……"，还是感同身受地体会理解孩子的情绪？哪个孩子不想考好呢？考得不好的时候，孩子心里比家长更难过。孩子的考试成绩排名起伏的时候，父母在孩子面前千万不要乱了阵脚，纵然内心翻江倒海，表面你得云淡风轻。如果家长都慌了，让孩子怎么办？

● 进了高中，首要是正确引导孩子在高手如云的环境里如何让自己更好地成长。要让孩子明白，别把优秀的同伴当成对手，而是当成跟自己并肩作战、互相促进的战友。在学校里要主动找机会跟各个"领域"优秀的人在一起，历练学习，共同成长。

分阶段按规律，培养出北大新人

执笔家长： 胡国建

家长职业： 传媒工作者

学生姓名： 胡天骁

录取院系： 物理学院

毕业中学： 河南省实验中学

获奖情况：
- 第37届全国中学生物理竞赛（决赛）二等奖
- 第37届全国中学生物理竞赛（省级赛区）一等奖
- 第36届全国中学生物理竞赛（省级赛区）二等奖

孩子今年满18周岁，12年的求学路不能说没有艰辛，但更多的是幸福和希望。孩子有幸走进北京大学，取得今天的成绩，个人的努力和家庭的培养只是一方面的因素，关键是在校学习受到了良好的教育；同时，又感到有一股力量在支撑着我们这个家庭，引导着我们有信心和希望把孩子培养得更加优秀，那就是国家的发展和教育的公平。没有国家和社会大环境的良性发展，就不会有我们小家庭和孩子的今天。所以，感恩国家，感恩社会。

启蒙教育阶段：充满新奇和体验

学龄前六年多的时间是孩子的启蒙教育阶段，我们很重视。孩子从幼儿园开始，作息就基本规律起来，早上不赖床，能够全勤入园。我们要求他自己端碗吃饭，不挑食，随大人尽快吃完，孩子基本做到了。孩子的智力方面我们没有过多关注，认为孩子开心、活泼、健康就好。文化课方面，主要在幼儿园大班以后让孩子接触一点了，课外主要是上一些兴趣班，如游泳和少儿象棋等，孩子上得都很用心。

观察与体验

孩子在观察世界，我们也在观察孩子。我们发现，孩子有一股"静气"，能长时间独处。在五六岁的时候，他爱做小实验，平心静气地在房间里操作，看着示意图，把一组半导体原件做成了小广播、小电扇。这个习惯对孩子以后能够安心学习、静心思考很有帮助。

每次只做一件事

我们不给孩子随便买东西，譬如买了遥控小汽车就不再买自动娃娃。等孩子把小汽车玩到熟练掌握、收放自如，我们再给他买回娃娃。孩子玩得专心，也很珍惜。买书也是先买一本，等他看完、看透再买；看书的时候，不让他随意乱翻，先专心看一页，图文对照，认清楚、看明白再看下一页。做其他事情也一样，每次只做一件事，每件事都做好，不贪多，不敷衍，养成专心的好习惯。

一点感悟

我们一直陪伴着孩子，让孩子体会到父母的爱和家庭的温暖。孩子内心也有很好的安全感，善良、平和、内心安静，有较强的幸福感。这个阶段，养育为重，教育（特别是文化课）为轻。

小学阶段：打好基础，养成好习惯

孩子6岁半入学，一至三年级时学习成绩中等偏上，四年级以后开始转变，五六年级时学习成绩名列前茅。在小学刚开始的阶段，我们担心孩子输在起跑线上，试图给他报课外班，孩子很不适应，最后只好取消。请教老师后，我们放弃了不符合孩子成长规律的教育理念，遵循课本知识，回归课堂，从点滴做起，一步一步打好基础。

"听（读）—说—写"一致化练习

在辅导孩子的过程中，我们发现他有很多"听（读）—说—写"不一致的地方。具体表现是："听"老师讲课获得的知识，却不能在理解的基础上，用书上的标准语言"说"出来，表达的意思错误或不完整。再者，即使能够用语言表达出来了，做作业的时候，却"写"不完整，书写很不规范，书面表达随意，不会断句，不会用标点符号。还有一种现象是："读"过的书，"说"不出故事情节和中心思想，"说"得不连贯、重复、烦琐，分不清重点；会"说"以后，却不会"写"，要么无话可"写"，要么"写"得离开原意，书面表达随意，不会断句。

从小学三年级开始，我们陪着孩子，进行了长时间"听（读）—说—写"一致性练习。这个练习，不是只针对语文，也包括数学和其他学科。我们要求孩子，不管是"听"或是"读"到的知识（信息），尽可能用书本上的语言表达出来，尽可能保持原意，前后一致。经过一段时间的练习，孩子上课专心听讲了，读书更投入了，语言表达清楚明白了，知识也系统了起来，每天的作业（包括作文）完成得日益规范，考卷回答接近标准答案，成绩逐年提高，而且很稳定。

一点感悟

小学阶段的孩子尚小，家长千万不能用成年人或者大孩子的标准"拔苗助长"。学习知识有一个从无到有、由少到多的积累过程，不是一天就能达到目标。小学有六年时间，给孩子的学习和成长留下了相当长的时间进行自我调整，一时落后不是输在起跑线上。家长要给孩子时间和空间学好基本知识，养成好习惯，为今后的学习打好基础。这个阶段，慢慢由养育向教育（含文化课）转化，因材施教，不可操之过急。

初中阶段：提高要求，逐步放手，做好监督与检查

由于在小学阶段养成了良好的习惯，孩子在进入初中以后，自律性较强，能够自主学习，学习成绩稳定。我们对孩子的要求也不断提高，有时候甚至会提出优势科目获得满分的要求，但这只是一个期望，不作为硬性规定。我们欣慰地发现，只要孩子答应了，就会尽最大努力去做，没有达到预期成绩的时候，他也能主动向我们解释一下其中的原因。

叛逆问题

进入初中以后，我们也很担心孩子出现叛逆的问题。在和他沟通的时候，我们小心谨慎，尽量不因两代人意见的分歧造成矛盾。在孩子学习状态稳定以后，我们逐步放手，给他空间。只要是孩子觉得自己可以独立完成的事情，我们便只保留知情权，不多过问细节，放开手脚让孩子自己施展。青春的激情发挥在学习上，叛逆的情况便很少发生。

一点感悟

放手不等于完全放弃，孩子尚未成年，家长监护人的角色不能缺失，及时的监督和检查很有必要。我们的做法是：孩子在周末回到家中，在谈心中了解他的情况。有时候，我们会要求孩子把书本、作业和考卷放在桌子上，我们利用周末时间检查一遍。在检查过程中，小问题留下标记，提醒注意；突出的问题随时探讨；有争论的问题，让孩子带到学校请教老师；需要冷静思考的问题，写成书面建议，夹到书本或者习题册中供孩子在学习中参考。这个阶段是教育（含文化课）的关键时期。

高中阶段：达成愿景，以学习为主，做好后勤

进入高中以后，我们逐渐转入后勤，进一步放手放权，让孩子去独立学习，努力冲击成绩和名次。参考企业管理骨干员工的办法，首先和孩子确定愿景和最终目标：冲刺清北，确保985，把责任向孩子压实；其次达成共识：在三年关键时期，任何所谓好的学习办法和励志说教都不如坚决地执行，做到位、坚持到底、学到一丝不苟。

孩子从高一第二学期开始参加全国中学生物理竞赛培训，在此期间专注学习竞赛知识，不犹豫，不气馁，坚持到底，终于在第37届全国中学生物理竞赛中取得了较好的成绩。竞赛结束回归课堂，距离高考只有半年时间，他在短暂休整后立即投入学习，很少在我们面前抱怨，几乎没有出现过畏难退缩的情况。

一点感悟

在高中阶段的学习中，智力因素固然重要，但是充分发挥孩子的非智力因素也不容忽视。信心，恒心，耐心，坚持到底的决心，良好的心理素质……这些都是一个青年的优秀品质。这个阶段，以教育（特别是文化课）为主，培育不可忽视。

潜心燕园，不负年华；筑牢梦想，再次出发

陪伴孩子走过12年的求学路，要说有点成功经验的话，主要是基本遵循了孩子的成长规律，在不同阶段，对孩子的教育方式有所照应，对不适宜的做法进行了及时改变，让孩子有相当大的自主权进行自我调整，不断进步。同时，又觉得我们有很多做得不足的地方，一方面迫于考试和升学的压力，早早让孩子背上了沉重的书包，孩子失去了很多童

年的快乐时光；另一方面，由于我们的知识、视野和家庭条件有限，没有给孩子创造一个更加广阔的天地用于开阔视野、增长书本之外的知识，使得孩子的视野较窄、见识较少、才艺薄弱。

如今，温馨的燕园敞开怀抱，接纳了4000多名新生，我们家孩子有幸步入其中。在这里，恳请北京大学物理学院各位领导、老师严格要求，不使孩子懈怠。同时，我也想对孩子提出几点希望：希望你学得更多更好的知识和技能，不断开阔视野、丰富自己、弥补不足，决不做一个只是混得文凭的碌碌学子；希望你练得真本领成为一名对社会、对他人有用的人才，而不是一个出了校门四处找工作只会混饭吃的"工作机器人"；希望你不管遇见多少困难，都不要放弃自己，放弃对国家和社会的关注和热爱，没有家国情怀就辜负了燕园的恩遇；希望你能够时时刻刻体念到父母的殷殷期盼，千万不要辜负青春年华大好时光，除了努力学习，还要提高自我修养，锻炼身体，简朴节约，不该去的地方坚决不去，不该沾染的恶习坚决远离，做到洁身自好。

离开父母，离不开的是对自己的负责和对未来的再次展望。过去的成绩只能作为以后努力的基石，不能成为骄傲自满的资本，更不能变成束缚前进脚步的绳索。要知道，努力十年，挡不住一年、半年的颓废和败坏。儿子当自省自强！

千言万语，不如一日之行。潜心燕园，不负年华；筑牢梦想，再次出发。愿儿子在北京大学这个全国顶尖学府里严格要求自己，多向老师求教，多向同龄人学习，锤炼意志，增进学问，早日成为国之栋梁。

☀ TIPS:

● 我们不给孩子随便买东西，譬如买了遥控小汽车就不再买自动娃娃。等孩子把小汽车玩到熟练掌握、收放自如，我们再给他买回娃娃。孩子玩得专心，也很珍惜。买书也是先买一本，等他看完、看透再买；看书的时候，不让他随意乱翻，先专心看一页，图文对照，认清楚、看明白再看下一页。做其他事情也一样，每次只做一件事，每件事都做好，不贪多，不敷衍，养成专心的好习惯。

● 学习知识有一个从无到有、由少到多的积累过程，不是一天就能达到目标。小学有六年时间，给孩子的学习和成长留下了相当长的时间进行自我调整，一时落后不是输在起跑线上。家长要给孩子时间和空间学好基本知识，养成好习惯，为今后的学习打好基础。

● 在检查过程中，小问题留下标记，提醒注意；突出的问题随时探讨；有争论的问题，让孩子带到学校请教老师；需要冷静思考的问题，写成书面建议，夹到书本或者习题册中，供孩子在学习中参考。

● 在高中阶段的学习中，智力因素固然重要，但是充分发挥孩子的非智力因素也不容忽视。信心，恒心，耐心，坚持到底的决心，良好的心理素质……这些都是一个青年的优秀品质。这个阶段，以教育（特别是文化课）为主，培育不可忽视。

着眼长远　无为而治

👨 **执笔家长**：罗再文

👥 **家长职业**：机关干部

🎓 **学生姓名**：罗弘浩铭

🎓 **录取院系**：经济学院

🏛 **毕业中学**：新疆石河子第一中学

⭐ **获奖情况**：第二十一届"语文报杯"全国中学生主题征文（省级）二等级

我的儿子罗弘浩铭出生在新疆石河子市，在他如愿考入北京大学之际，写下关于我和儿子一起成长的感悟，衷心祝愿儿子18岁生日快乐！

积极准备　学做优秀父母

孕育孩子容易，教育孩子太难。一旦决定生育孩子，就意味着必须用一生来书写家教的答卷。在孩子还未出生前，我们就主动参加了石河子市妇幼保健院主办的"准爸妈育儿培训班"，并通过各种方式主动学习科学家教理念和育儿知识。

2002年教师节后第二天，儿子出生了，我既有初为人父的喜悦，更有一种前所未有的责任，我暗暗地下了个决心：或许我这一辈子干不了一件大事，但我一定要努力地做一个好父亲，我要做儿子心中的太阳，让他在父母的关爱下真正茁壮成长，一代比一代强。

父母是孩子是第一任老师，亲自陪伴教育孩子责无旁贷。儿子出生后，我把湖南农村的爸妈接来我家，但只让他们做好后勤保障，我和爱人再忙也亲自来培育儿子。儿子只有一次童年，必须尽一切可能为孩子的身体、心理健康成长积极创造条件，必须尊重孩子的人格独立和自由发展，必须给予孩子更多的陪伴与爱，让他在成长中学习、思考与实践。

快乐成长　润物无声

卢梭说：什么是最好的教育？最好的教育就是无所作为的教育：学生看不到教育的发生，却实实在在地影响着他们的心灵，帮助他们发挥了潜能，这才是天底下最好的教育。

家长任何事业的成功都无法弥补对于孩子教育上的缺失，18年来我牢记教育名师陶行知先生的教育理念"社会即学校""生活即教育"，力求着眼长远、春风化雨、润物无声、无为而治，努力把快乐底色的童年交给儿子，把快乐、安全、健康、责任、礼仪、常识教育理念潜移默化于日常生活之中。

一路走来，我和儿子一起成长进步，我觉得在教育上不能"揠苗助长"和"急于求成"，要早撒网、广撒网、慢收网，要有爱心、细心和耐心。教好孩子，不是一朝一夕的事。从某种意义上讲：自觉比聪明重要，爱好比功课重要；游学比书本重要，主见比听话重要；心情比运动重要，自信比崇拜重要；思考比表达重要，观点比知识重要；态度比能力重要，独立比乖巧重要；快乐比面子重要，成长比对错重要。

幸福的童年可以治愈一生，不幸福的童年要用一生来治愈。我和爱人的工作一直都很忙，我们很少关注儿子的考试分数，但我又默化潜移地引导他自主学习。比如，给他的作业签字时，我们很少检查答案的对错，只确认是不是由他本人独立完成的。可以说他的幼年几乎是在我的自行车后座上度过的，我只要有时间，就带他到生活中去体验，到大自然中去游玩，我们游遍了城市的街街巷巷、走过了近郊的沟沟坎坎。爱由心声、相伴相随，每晚香甜梦中的欢笑见证着他无忧无虑成长中的进步。

儿子是一个阳光男孩，只要对他成长有益的事，他都会尽力去做。从小学开始，他相继参加过珠心算、演讲、趣味英语、武术、电子琴、游泳、美术、拉丁舞、篮球等特长班的学习，也许他少一份天赋，可他总是努力去学，而且当他觉得特长班太占用他的自由时间时，我们都尊重他的选择。儿子自幼儿园开始到高中毕业，他从来没有参加过任何以提高考试成绩为目的的校外补习班。虽然他少有特长、大奖，但他的童年充满着阳光和欢乐，综合素质也在无形中实现了提升，学习成绩也越来越好。

在孩子的教育问题上，家长的作用是无法取代的。做好一名家长既要有正确的思想、高尚的品质、渊博的知识和健康的情感，也要有顽强的意志、敏锐的观察力和遇事不惊的定力。

每个孩子都是一颗种子，只不过花期不同。有的花一开始就灿烂绽放，有的花需要漫长的等待。我们要相信是花都有自己的花期，不能搞"大水漫灌"强刺激，而要多一些精准施策的"小点滴"，细心地呵护自己的"小花"慢慢长大，陪着他沐浴阳光风雨，这何尝不是一种幸福？也许你的种子永远不会开花，因为他是一棵参天大树。

培养习惯　充分信任

优秀是一种习惯。这种习惯就是力求让儿子在搞清楚"为什么要学习、学什么、怎么学习"中培养正确的逻辑思维方式，用心听好每一堂课，课堂上积极与老师互动，遇到没有完全学懂、弄通、悟透的知识点就追着老师学深、问透、钻彻底。儿子每天放学后先完成作业后再玩，玩就玩个痛快，学就学个踏实。他从小就喜欢问问题，我们也不厌其烦地回答他。但我们从不直接告诉他结果，我要让他自己去探索，让他享受学习的快乐。比如说，他小时候爱吃橘子，我就问他橘子是什么形状、什么颜色、什么味道。他当时一下子也答不出来，我就让他打比方，用已知的东西去描述他未知的东西。这样儿子慢慢地学会了用比喻的方式告诉我他的认知，这时我就让他概括中心意思。渐渐地，他学会了归纳与分类，通过思考有了自己的意见和观点。而我也尊重他那与世俗不同的看法，只为给他独立思考和充分表达的机会。因此，现在无论在何时何地，他都勇于表达自己的想法。

孩子玩电脑、玩手机的烦恼在我们家并不存在。从孩子2岁开始，我们教他认字母打键盘，高三毕业前他已使用过3部智能手机，而且学校成人仪式的礼物就是一部国产智能手机。心理学原理让我懂得，越是得不到的东西越让人好奇，电子游戏以"即时反馈"的方式让人上瘾，所以我借鉴大禹治水"既堵更疏"的做法，给他讲清楚电脑和手机都是人类文明进步的工具，使用它不是禁区，但不能被它牵制，而是要为我所用。我们给了他充分的信任和自主权。他利用电脑和手机即时搜索各种信息，弥补了新疆地处边疆信息资源落后的不足，让他意识到"山外有山、楼外有楼""不唯书、只唯实"，在学习征程中马不扬鞭自奋蹄。

儿子成长路上的故事有很多很多，我印象深刻的有四件事：

第一件事是他2岁时在幼儿园的元旦会演中，即兴毕恭毕敬地向前、后、左、右各鞠了一个躬，让我感动于他对礼仪文化的传承。

第二件事是他参加师市主持人比赛时，充满自信地介绍 . 我 3 岁会读报纸，5 岁迷上历史，6 岁时读完中国三大名著；曾荣获师市'四好少年'故事会比赛一等奖，'兵团人军垦情'演讲比赛十佳选手。"

第三件事是他在12岁时，独自一人从网上购票，然后定闹钟早起坐火车到距离近200公里之远的乌市空军医院复查眼睛并深夜平安返回。

第四件事是他清醒地认识到北大只是新起点，写下"鹏北海，凤朝阳。又携书剑路茫茫"，主动提出我们家长不用送他去北京入学，作为父亲，我很欣慰：内心强大的他长大了！

广泛阅读　用心思考

阅读点亮人生、书香滋润童年。在儿子3岁时，我们家没钱贴地板砖，家里却有两个很大的书柜，每天他无论走到哪里，给他打招呼的都是各类书籍，慢慢地他爱上了阅读，总盼望我陪他一起去新华书店看书。通过阅读这个窗口，他全面地认识了社会、探索了自然，也了解了世界之大、科学之精、生活之美，从此，产生了强烈的内驱力。在他小学四年级的时候，为了满足他上市一小的心愿，也方便他"多读书、读好书"，我们在新华书店总店旁边买了一个二手房。进入市一小后他担任读书社的社长，并带头阅读和在网上发表自己的习作，他总是在阅读下思考、在思考中阅读，渐渐地把阅读当成了一件快乐的事。在他10岁生日时，我将他创作的近3万字的习作装订成册印刷珍藏，用文字给他留住了这段真实的童年。

长期大量的阅读使他的学习充满后劲，他与古今中外圣贤对话并将其变成自觉行动，让他直接受益的是高考语文获得了139分。回顾他阅读习惯的养成，我有三点体会：一是家长让书籍成为孩子人生的第一个触手可及的好友；二是少看电视、多看书籍，锻炼孩子的思考和想象能力；三是把书本与生活互动起来，读生活这本"无字之书"是最好的阅读。

赏识教育　客观自信

心理学告诉我们：激励对成功影响最大。孩子在从丑小鸭变成白天鹅的过程中，哪怕只有一点点进步，我们都应该给予充分肯定，有了肯定，他就会有坚持的勇气，他就会有争创一流的动力，他就知道什么是对的、什么是错的。我们父子之间有一句口号，就是："我不表扬你人很聪明，但我表扬你努力做事！"在学习上，我对他很宽松，从不要求他考满分，只要他尽力就行。我一般会原谅他在学习中的"不会"和"失误"。有时他做得不是很好，我就总是安慰他：正是因为不会才去和老师学的啊。对他非智力因素的努力，我每一次都及时地给予表扬和肯定。

以身示范　言传身教

要求孩子成为什么样，家长首先自己要作出表率。父母是孩子最好的老师，父母在做，孩子在看，父母品行高尚，就能使孩子受到良好的熏陶，激励其一生。父母不能把标准装在手电筒里，光照孩子，不照自己。"上梁不正下梁歪，下梁歪斜塌下来。"每逢节假日，我们都会让儿子和我们一起，对亲朋好友和曾经帮助过我们的人，或登门拜访，或致以感恩问候，渐渐地孩子养成了谦逊和感恩的习惯。

道德常常能弥补智慧的缺陷，智慧却永远填补不了道德的空白。我们家的教育理念是"做人高于一切"。在儿子的成长过程中，他曾经也想急功近利，这时我会耐心教育他：一个人做事的时候，要像在一众人面前一样地为自己的行为负责。现实中有的家庭对孩子的教育仍有"考了高分就是成功"的功利思想，而忽视了对孩子的品质和性格的培养。其实，只有具有优秀品质和健全人格，才有可能成为一个对家庭、对社会有用的人。

不要攀比　做人第一

"每个人身上都有闪光点，每个人都值得我学习"，这是我的儿子常说的一句话。每个孩子都是世界上独一无二的个体，千万不能使用一个标准来评价所有的孩子，别人家成功的教育方式可能并不适合自己家的孩子，千万不能因为孩子有一个方面不如别的小孩就大惊小怪，关键是要启发他、引导他"扬长避短，做更好的自己"。儿子小时候因受家庭语言环境的影响，普通话说得不太标准，但我们在他表达一件事情时，从不打断他去纠正他的发音，而是让他先尽情地去表达，做他的忠实听众，然后在合适的时候，我再去把我的想法告诉他，让他更容易接受我的意见。

也许我们会觉得，解决一个问题似乎是从一个点着手比从一个面上去解决更容易。但是，在孩子的成长道路上恰好相反。"面"上的问题解决了，"点"上的问题自然就不攻自破了。家长越是为了孩子的前程，千方百计地盯着他的分数，学习成绩越上不去，还容易形成孩子怪僻的性格。如果能把单纯追求学习成绩这件事放一放，从外围开始突破，在兴趣点转移中抓孩子的综合素质，情况倒有可能转变：柳暗花明又一村，船到桥头自然直。教育就是这么神奇，最怕功利性的追求。

尊重个性　一起成长

和孩子一起长大是我与儿子的全部。

学前时，我把儿子当玩伴，把教育放在故事里，在一起游戏和打闹中促进了儿子的智力、情感的培养和性格的塑造，儿子获得了自信和自尊。

小学时，我把儿子当老师，每天回来，我让他教我，在父子学与教的过程中，我检验了他在学校的学习状态，他温习了他的功课，也完成了他的自信养成、习惯养成、兴趣养成和责任养成。

初中时，我给予儿子充分的尊重，以仰视的心态来欣赏儿子的每一点滴进步，在每一句话的结尾加上"你看行不行？"告诉他要多付出、少索取。通过多关心、多沟通、多抚慰，传递理解、信任、尊重，让他在容易出现逆反的阶段正常成长和进步。

高中时，我把儿子当朋友，再忙也有一个餐桌家庭会，有秘密互相分享，一起探讨在人生拔节孕穗期打磨自己，坚定理想信念，明确目标，练就过硬本领。以青春岁月博观约取，求人生旅程厚积薄发，以最放松的心态迎战高考。

现在我与儿子已经约定，大学时，我想把儿子当知己，一起感悟人生没有重启，其实就是在享受的过程中做好自己。享受生活，享受学习，享受生命中的一切，更好的终究会在不经意间出现。

我的儿子可能并不完美，但我欣赏他的开朗和豁达；我的儿子可能并不拔尖，但我欣赏他的自信和大方；我的儿子可能并不成熟，但我欣赏他的真诚和友善；我的儿子可能并不出众，但我会去发现他的长处，让他抬起头来走路，对自己、对未来、对所要做的事情充满信心。

☀ TIPS

● 我只要有时间，就带他到生活中去体验，到大自然中去游玩，我们游遍了城市的街街巷巷、走过了近郊的沟沟坎坎。爱由心声、相伴相随，每晚香甜梦中的欢笑见证着他无忧无虑成长中的进步。

● 他从小就喜欢问问题，我们也不厌其烦地回答他。但我们从不直接告诉他结果，我要让他自己去探索，让他享受学习的快乐。

● 心理学原理让我懂得，越是得不到的东西越让人好奇，电子游戏以"即时反馈"的方式让人上瘾，所以我借鉴大禹治水"既堵更疏"的做法，给他讲清楚电脑和手机都是人类文明进步的工具，使用它不是禁区，但不能被它牵制，而是要为我所用。

● 我一般会原谅他在学习中的"不会"和"失误"。有时他做得不是很好，我就总是安慰他：正是因为不会才去和老师学的啊。对他非智

力因素的努力，我每一次都及时地给予表扬和肯定。

● 每个孩子都是世界上独一无二的个体，千万不能使用一个标准来评价所有的孩子，别人家成功的教育方式可能并不适合自己家的孩子，千万不能因为孩子有一个方面不如别的小孩就大惊小怪，关键是要启发他、引导他"扬长避短，做更好的自己"。

用心呵护　静待花开
——陪伴孩子成长心得体会

执笔家长：董晓玲

家长职业：小学教师

学生姓名：闵欣怡

录取院系：哲学系

毕业中学：湖北襄阳市第四中学

获奖情况：2017 年全国"最美中学生"

一、用心抓好学习养成

1. 引导树立好志向

我是一名教师，丈夫曾经是一名军官，行为向来严谨规范。我和丈夫对孩子的期望比较高、要求也很严。从孩子懂事起，我们就经常给孩子讲古今中外伟人和名人的故事，以此激励孩子向他们学习，培养远大的志向，成为国家的栋梁，为祖国和人民作出较大贡献。我们还给孩子讲北京的故事和北京大学——中国最高学府的神圣，鼓励孩子好好学习，向北京大学进军，打好厚实的知识基础，练就过硬本领。孩子自小就神往进入北京大学这座雄伟神奇的知识殿堂深造，这也成为她奋发努力的目标。

2. 培养学习好习惯

好的习惯就是成功了一半。多年的教学经验告诉我，良好的学习习惯是学习好的前提。从孩子上学伊始，我就注重培养她的学习专注力、作业准确度和整洁性。我经常与孩子的任课老师沟通，时刻关注孩子在学校的习惯养成，发现问题及时教育和纠正。孩子每天放学回家，我都要求她先认真完成作业并经检查认可后方可玩耍，以此引导孩子专心、高效、高质地完成作业，孩子逐步养成了上课专心听讲、课后高效完成作业的良好习惯。同时，我们采取购买书籍和借阅等多种途径，引导孩子每天阅读课外书，养成阅读的好习惯。孩子博览群书，经常手不释卷，仅在小学阶段就阅读了包括中国"四大名著"在内的几百册书籍，开阔了视野，积淀了一定的文学素养，并焕发了写作激情，培养了写作爱好。孩子自主创作自由体诗二十余首，撰写万余字的网络小说获得近千人收藏，其作文经常被学校作为范文，多篇文章被刊物录用。

3. 营造学习好环境

良好的环境和氛围是孩子专心学习的有力保障。为了给孩子营造良好的学习环境，我们在孩子学习时坚持做到不大声说话，动作尽量不发出声音，并且禁开电视机刺激孩子的观看欲。特别是在孩子中学阶段，我们家的电视机基本成了摆设。我和丈夫注重鼓励孩子积极参加学校组织的各种竞赛和文体活动，有空就带孩子参观博物馆、游览图书馆、逛书店，在感受浓厚的历史文化氛围中丰富知识、陶冶情操。同时，我们还注重营造家庭学习氛围，在房间布置书架，有空就读书看报，给孩子起到学习表率和潜移默化的作用。

二、静心抓好守护陪伴

1. 尽力陪伴孩子成长

我认为，孩子的成长特别是学习不是孩子一个人的事，而是自身、教师、家长和社会共同努力的结果，家长在其中扮演着十分重要的角色。家长必须努力尽到陪伴、督导和把关的责任，放任自流对于还不能独立自持的孩子来说无异于慢性戕害。平时，我和丈夫推掉工作上一切不必要的应酬，牺牲个人娱乐的机会，尽量挤时间陪伴孩子学习和娱乐以及参加各种活动，及时与孩子进行交流，时刻让她感到父母的关爱、温暖、鼓励和支持，不断增强其自信心和上进心。

2. 正确对待成绩起伏

考试成绩的起伏是学习的正常现象。但家长往往容易接受孩子成绩的"起"，却难以承受孩子成绩的"伏"，从而对孩子横加指责，导致与孩子发生不愉快，特别是对于处于青春期、脾气大且十分敏感的孩子，一句话不合就可能影响其多天的心情，不利于调整学习状态。我们也犯过同样的错误，孩子每次考试完毕，我就追着问成绩，当孩子成绩在年级前几名时就笑逐颜开，成绩下滑就愁眉不展、忧心忡忡，仿佛孩子只能进不能退，唯有稳定在年级前几名才放心似的。我的急功近利给孩子造成了巨大的压力，导致她在后来多次大型考试中因过度紧张而发挥失常。我们意识到这样的危害，及时请教老师、专家和有经验的家长，平和了心态，消除了急躁，调整了做法，能够客观辩证地看待孩子成绩的起伏，以包容的心态给孩子创造宽松的环境，引导孩子正确对待成功和挫折，做到胜不骄、败不馁。

3. 及时纠正不良倾向

在陪伴孩子时，我注意细心观察孩子的语言、神态、情绪和状态等的变化，善于从细微处发现问题端倪，并加强与老师的沟通，及时找到问题根源，做好针对性的教育引导，帮助孩子及时纠正偏差，恢复良好的学习状态。比如，在高考前两个月中的一段时间里，我们在接孩子放学回家的过程中接连多次发现她一上车就躺倒睡觉，且追问原因她又不说。我们感到事出蹊跷，决定一探究竟，结果发现是她晚上熄灯后偷着看网络小说，睡眠不足所致。我们随即展开严肃教育和心理疏导，及时纠正了她沉迷网络小说的危险行为，为高考赢得了备考时间。

三、精心抓好心理抚慰

1. 多鼓励、少责备

孩子的进步是鼓励出来的，高中生亦是如此。高中学习生活异常紧张，竞争压力大，容易让人激动和烦躁，特别是处于青春期的孩子情绪波动又比较大。因此，我在关注孩子心理的过程中非常谨慎，除非原则性的问题，一般尽量不去责备孩子，而是多用鼓励的方式去激励孩子，让她在心情愉悦的情况下明辨是非，乐意接收家长建议并改进自身不足，所以说"越表扬越优秀"。

2. 多笑声、少怨声

父母的气质和家庭的气氛对孩子性格的形成和影响是深远的，且起着潜移默化的作用。积极阳光的父母和乐观向上的家庭对于培养孩子积极向上的人格和乐观豁达的品质至关重要。因此，我们家庭成员间相亲相爱、和睦相处、其乐融融，无论遇到什么困难，始终保持一种积极乐观的态度，洋溢满满的正能量，特别是我们不轻易在孩子面前抱怨，时刻为孩子提供一个温暖、宁静、祥和的心灵港湾。

3. 多引导、少包办

孩子长大了，思想觉悟、知识水平和心理素质不断提高，自主的个性也不断张扬开来，开始反感大人的包办，凡事喜欢自己做主。如果父母越俎代庖，轻则发生口角拌嘴，重则地覆天翻。这是孩子成长的规律。我针对女儿个性特别要强的特点，凡事总是和颜悦色地征求她的意见，并适时加以引导，不断提高孩子独立思考和处理问题的能力。如果她"执迷不悟"，有时就让她在现实面前尝尝苦头后自然就明白了。

养育孩子是一种幸福的折磨，孩子成长过程的点点滴滴真是难述其详，渗透着学校、老师、社会和家庭的不尽关爱！我欣喜我的女儿终于如愿以偿，走进了她向往已久的北京大学，开始了新的逐梦之旅！衷心祝愿我的女儿在北京大学这座神圣的殿堂里、这方成才的热土上，沐浴名师大家智慧的阳光，饱吸古今中外知识的精髓，相携俊才英朋团结的力量，树立鹍鹏凌云志，锤炼济世益民才，不惧风雨，不畏艰险，不懈奋斗，不负韶华，成为一名热爱祖国、热爱人民、热爱生活、热爱他人、热爱自我的"有温度"的人，拥有丰富的生活和丰盈的灵魂！

TIPS

● 从孩子上学伊始，我就注重培养她的学习专注力、作业准确度和整洁性。我经常与孩子的任课老师沟通，时刻关注孩子在学校的习惯养成，发现问题及时教育和纠正。孩子每天放学回家，我都要求她先认真完成作业并经检查认可后方可玩耍，以此引导孩子专心、高效、高质地完成作业，孩子逐步养成了上课专心听讲、课后高效完成作业的良好习惯。

● 孩子每次考试完毕，我就追着问成绩，当孩子成绩在年级前几名时就笑逐颜开，成绩下滑就愁眉不展、忧心忡忡，仿佛孩子只能进不能退，唯有稳定在年级前几名才放心似的。我的急功近利给孩子造成了巨大的压力，导致她在后来多次大型考试中因过度紧张而发挥失常。

● 在陪伴孩子时，我注意细心观察孩子的语言、神态、情绪和状态等的变化，善于从细微处发现问题端倪，并加强与老师的沟通，及时找到问题根源，做好针对性的教育引导，帮助孩子及时纠正偏差，恢复良好的学习状态。

● 积极阳光的父母和乐观向上的家庭对于培养孩子积极向上的人格和乐观豁达的品质至关重要。因此，我们家庭成员间相亲相爱、和睦相处、其乐融融，无论遇到什么困难，始终保持一种积极乐观的态度，洋溢满满的正能量，特别是我们不轻易在孩子面前抱怨，时刻为孩子提供一个温暖、宁静、祥和的心灵港湾。

家长陪伴手记

13

教育孩子的四点体会

 执笔家长：唐舜生

家长职业：中学教师

学生姓名：唐儒雅

录取院系：外语学院

毕业中学：广东省华南师范大学附属中学

我的女儿唐儒雅非常幸运地考上了北京大学。女儿18年的成长过程，其实也是我的成长过程，现在把我自己的经历和感悟写出来同大家分享，希望会给后面的家长一点小小的帮助，希望各位在最难熬的时候，能够以我的经历为动力，鼓励自己坚持下去。

一、春风化雨地开发孩子的智力

智力是各种认知能力的总和，没有一定的智力就难以掌握较多的知识。具体来说，没有注意力、观察力，就无法认识事物；没有记忆力，就无法巩固、保存知识；没有思维力，就无法深刻地认识事物；没有想象力，就无法创新。学龄前期的智力教育是为今后的教育打基础的，错过这个时期，以后再培养就十分困难了，甚至无法补偿。

开发儿童的智力是多方面的，最主要的是培养儿童良好的思维习惯。家长可以充分利用周末、节假日，与孩子一起进商店、逛公园、去树林，或者带孩子去有学习氛围的场所，引导他多方观察、多提问题，孩子的智力水平慢慢地就不断提高了。

在生活中，父母不仅要认真地回答孩子的提问，还要适当地启发式提问，也可对孩子的问题进行深一步的发问，以引导孩子思考，使其深刻认识事物。此外，让孩子自己玩一些益智游戏，如搭积木、下跳棋、算24点、打扑克、玩橡皮泥、做纸工……这样可以培养孩子思维的深刻性和敏捷性，使孩子的智力得到充分的发展。

培养孩子爱读书是每个父母的责任，孩子一旦对读书产生了浓厚的兴趣，就会燃起求知的智慧之火。开始的时候，父母可以买一些儿童读物念给孩子听，使孩子对书产生兴趣，这对培养孩子的阅读习惯很重要。随着孩子年龄增大能认识一些字时，家长要引导他们多看书，如果有不认识的字，家长可以教给他们。另外，家长要给孩子树立一个好的榜样，如果孩子看到自己的父母每天都在看书，慢慢地，看书也会成为他生命中的一部分……要知道，一个人身体的成长需要吃饭，思想的成长需要思考，而阅读是促进思考最有效的方法。

早期儿童还需要发展口头语言表达能力。在学龄前期，家长要经常与孩子进行口头交流，学会与孩子共情，用孩子喜欢的交流的方式与他进行沟通。在陪伴孩子的过程中，家长把自己的所见所闻表达出来，给孩子进行示范；也可以让孩子把他看到的东西说出来，把他看过的故事复述一遍……在小学二年级时，因为每天看中央电视台的《天气预报》，女儿可以把里面的城市从北京到香港依次背诵出来，这样很好地培养了语言模仿能力。我们一家三口轮流当老师，进行上课比赛；女儿策划家庭文艺晚会，节目有唱歌、背诗、时装秀……为了培养孩子的表达能力，我们还让女儿参加了"演讲技巧培训班"，录制的一个演讲视频获得了广东省一等奖。女儿还参加了花都区小记者站的学习班，培养了观察事物现象、分析事物本质、准确表达事物的能力。

其实开发儿童智力并不难，趁着孩子还小，很多思维习惯还没定性，潜移默化的培养比灌输他们一堆教科书更能开发孩子的智力。因此，多看、多听、多说、多思、多动手是开发他们智力重要而有效的手段。善于教育孩子的父母应该创设与孩子共同活动的环境和机会，与孩子平等相处，给孩子充分的自由，进行耐心的教育与疏导，从而最大限度地开发孩子的智力。

二、润物无声地培养孩子的好强品质

3～6岁是孩子塑造性格的关键时期，家长应该多陪孩子参加亲子活动，例如，和孩子进行跑步比赛、倒手腕比赛、打羽毛球比赛，玩"石头、剪刀、布"游戏等。刚开始，家长可以故意输给孩子，激发孩子的积极性，随着孩子技能的增长或时间的推移，要让孩子尝试"输"的滋味。

故意输给孩子后，家长可以向他表达"虽然这次我输了，但下次我会努力赢你"的信息，让他看到大人不服输的榜样。在孩子输掉比赛后，父母要引导孩子分析失败的原因，并鼓励孩子挑战自己，让孩子在家长的陪伴下一起经历成功和失败，感受成功的喜悦。家长要让孩子明白，即使失败了，自己也会被家长接纳和关爱，从而感受竞争过程的快乐。

家长应该引导孩子正确看待输赢，输并不是"丢脸"的事情，失败了可以重来，尝试的次数多了，自然就会获得成功；不要乱拿自家孩子与别人家孩子做比较，不要让他们感到成功与失败的待遇差别巨大，让孩子与自己比较，学会欣赏别人；输赢并不代表什么，参与了、认真完成、在竞争中获得经验才是真正的目的。

女儿从小学到初中一直都是学校的佼佼者，获得过许多校级、区级、市级荣誉，初三两次区模拟考都是一万多名考生中的第一名，可以说是自信心爆棚。但是当中考成绩放榜时，女儿的成绩比区第一名低6分，比第二名低1分，位居第三，并且以2分之差无缘华南师范大学附属中学特色班——大学先修实验班。这是女儿在求学路上受到的第一次打击，庆幸的是最后她还是被学校编到了实验班，但接下来被"虐"得惨不忍睹。以下是女儿高一、高二时8次大考的年级排名（全年级540多人）：

高一上学期期中考	高一上学期期末考	高一下学期期中考	高一下学期期末考	高二上学期期中考	高二上学期期末考	高二下学期期中考	高二下学期期末考
第194名	第75名	第238名	第186名	第36名	第29名	第60名	第30名

高一上学期期中考试成绩排全年级第194名，女儿在总结中写道：

……每次测验考试对于我而言都是很大的学习经历。我不一定是学得最好的一个，但我一定是收获最大的那一个，一次次的打击让我的学习知识点的漏洞及方法上的不足显露无遗，嗯，希望自己能顶住心理压力继续努力下去，与同学们多多交流成长……

高一下学期期中考试成绩排全年级第238名，女儿又在总结中写道：

……能被失败阻止的追求是一种软弱的追求，它暴露了力量的不足；能被成功阻止的追求是一种浅薄的追求，它证明了目标的有限。或许，目标完全不是抽象的东西，当从自己所追求和珍惜的价值中获得巨大的幸福感之时，就会知道自己是对的，因而不再会觉得坚持是难事……

女儿在初中时的成绩排名一直稳居年级前列，几个月的时间就跌到年级200名外，别说一个15岁的小女孩，换了我们做父母的其实也是难以接受的，每次看到女儿写的考试总结，我都会暗暗流下眼泪。但是残酷的现实并没有压垮女儿强大的内心，坚忍的性格使女儿没有放弃，而是越挫越勇。高二时，女儿的考试成绩开始提升；高三时，她的考试成绩稳定在年级前20名，有时也能进入年级前10名。最终，女儿踏上心中的圣地：北大。

三、引导孩子正确处理同学关系

与同学交往，最应注意的原则是遵守学校的规章制度，学校的规章制度可以规范学生的行为，保持班集体的凝聚力，同时也使每个遵守规则的人受益。但是每个同学来自不同的家庭，处世方式也各不相同，同学之间有时候难免会产生矛盾和冲突。此时要冷静下来，双方应该进行换位思考，这样有助于理解对方、减少误会。同学之间只有相互理解、热情相待，才能使大家每天开开心心、快快乐乐地在一起学习生活。

值得一提的是，中学生建立良好的人际关系更应重视的是与他人在思想认识方面的交流，在学习方面的讨论以及在生活上的关心，而不是形式上的形影不离和亲密无间。例如，自己想午休，宿舍同学却聊天不止；自己精力充沛想学习，同学却邀你去参加体育活动；自己希望安静一会儿，同学却叫你玩"三国杀"游戏……处理此类矛盾，不能一味地迁就或顺从他人，单方面过分地追求那种相处和谐融洽、亲如兄弟姐妹的氛围，导致浪费了自己的大量时间影响学习和休息，可能会给自己带来更大的挫败感。

何为同学？即志同道合，即为了进德修业走到一起，成为同学。学生时期最重要的事情是学习，同学之间讨论最多的应该是学习而不是那些明星八卦、生活琐事；应该是请优秀的师兄师姐传授学习经验，推荐实用的课外参考资料，也就是要以学习会友，收获珍贵的同学友谊。

在这一点上，女儿做得非常好，她能够见贤思齐享受孤独，所以她的学习成绩由中考成绩班级排名倒数，上升到高考成绩班级排名第一，给自己的高中学习画上完美的一笔。

四、帮助孩子制定高中学习规划

相对于初中，高中阶段各科的知识量更大、知识点更深。因为要应对高考，绝大多数高中都会提前在高二就学完三年的课程，高三全部用来复习。三年时间变数很大，每个人都可以成为自己想要的样子。为了使女儿提前有个心理准备，我帮助女儿制定了三年学习规划，内容大致如下：

高一是学习方法和心态调整的适应期。在方法上，要变被动学习为主动学习，即上课时应该边听边思考，有疑问主动找老师解决；学习不仅仅是完成作业，还要自己主动检测；学会总结、归纳，从整体上把握知识。在心态上，学会正确对待考试分数和排名，要抱着发现与改进的心态来对待每一次考试，你就会觉得每一次考试都是一次收获和提高。

高二是高中阶段的提升期，一定要稳扎稳打；有必要将错题按知识点进行分类整理，同时要把偏科扼杀在摇篮之中。

高三是高中阶段的冲刺期。高三最大的敌人是心态，心态最大的敌人是波动；高三一整年你会经历二十多场考试，考得好得总结经验，考不好得吸取教训，不断反思并反馈。这一整年你要做的就是：提高均值，减小方差。

女儿在高一时的学习成绩并不理想，第一次期中考试除数学外，其他五科的考试成绩全部低于班级平均分，总分在班级中排第29名。女儿自己分析原因，寻求老师和同学的帮助，改进各科学习方法：把语文学习延伸到课外，英语加强阅读和完形填空，物理要刷些具有针对性和代表性的题目，思维和技巧同练……期末考试女儿的进步很大，考试成绩在班级排名第7。在高二上学期的一次数学测验中，女儿考了66分，于是她买了一本教辅书，坚持每天完成一个章节的学习，日复一日，数学便从弱项变成了强项，在高考中取得146分的好成绩。所以说，学习不仅要紧跟老师的节奏，还要制订个性化的学习方案，这样才能增强学习的针对性和有效性。由于高一、高二有着相当扎实的基础，女儿在高三成了实现逆袭的幸运儿，成功地迈过高一这道"坎"，爬过高二这个"坡"，翻过高三这座"峰"。

北京大学是一所思想自由、兼容并包的世界名校，为每位学子提供了丰富资源和优越条件。希望女儿能充分利用北大这个追梦平台，不忘初心，扎实努力；加强人格修养，时刻胸怀感恩之心，敬师爱友，博采众长；继续发扬"坚毅执着、不畏挫折"的精神，沉下心来，刻苦学习基础知识、专业知识，拓展跨学科视野；同时加强体育锻炼，健全身心；把个人追求与国家利益紧密地联系在一起，成为德智体美劳全面发展的国家栋梁之材。

TIPS

● 开发儿童的智力是多方面的，最主要的是培养儿童良好的思维习惯。家长可以充分利用周末、节假日，与孩子一起进商店、逛公园、去树林，或者带孩子去有学习氛围的场所，引导他多方观察、多提问题，孩子的智力水平慢慢地就不断提高了。

● 开始的时候，父母可以买一些儿童读物念给孩子听，使孩子对书产生兴趣，这对培养孩子的阅读习惯很重要。随着孩子年龄增大，能认识一些字时，家长要引导他们多看书，如果有不认识的字，家长可以教给他们。另外，家长要给孩子树立一个好的榜样，如果孩子看到自己的父母每天都在看书，慢慢地，看书也会成为他生命中的一部分……

● 3～6岁是孩子塑造性格的关键时期，家长应该多陪孩子参加亲子活动，例如，和孩子进行跑步比赛、倒手腕比赛、打羽毛球比赛，玩"石头、剪刀、布"游戏等。刚开始，家长可以故意输给孩子，激发孩子的积极性，随着孩子技能的增长或时间的推移，要让孩子尝试"输"的滋味。

● 学习不仅要紧跟老师的节奏，还要制订个性化的学习方案，这样才能增强学习的针对性和有效性。

家长陪伴手记

一路伴成长，托举燕园梦

执笔家长：童慧冰

家长职业：教师

学生姓名：罗笛晓

录取院系：地球与空间科学学院

毕业中学：华中师范大学第一附属中学

获奖情况：
- 2020 年全国高中数学联合竞赛三等奖
- 第 37 届全国中学生物理竞赛（省级赛区）二等奖
- 第 34 届中国化学奥林匹克（初赛）三等奖
- 2018 年全国青少年信息学奥林匹克联赛（复赛）三等奖

记得6月25日高考查分，看到分数的那一刻，我和孩子爸爸欢呼起来并叫醒孩子，孩子睡眼惺忪，一脸的淡然。也许在他看来，这一切都是水到渠成。

回望来时路，苍苍横翠微。在每一个时间的节点上，我清晰地看到他跋涉奋斗的背影，还有我们共同走过的那一帧帧时光剪影。这些倾情陪伴的温馨时光、默默耕耘的青春姿态以及沟通改变的智慧，托举起孩子和我们整个家庭的燕园梦，奏响了家庭教育最和谐动人的乐章！

一、陪伴成长：不喧哗，自有声

为人父母，孩子充满稚气的一声呼唤，曾唤起我们多少温暖的爱意；孩子无知无畏犯下的错误，也曾让我们焦头烂额不知所措。守望孩子长大的路从来都不是一帆风顺的旅程，我们能做的就是让我们的家庭教育多一些智慧、多一些陪伴。

有一种陪伴延伸了孩子生活的半径，增长了孩子生活的阅历，让孩子感受到这个世界的新奇多彩以及他与这个世界的息息相关。

记得有段时间我们都很忙，但还是会抽出时间带孩子走进大自然的怀抱，走进烟火人间。观察麻雀啄食的过程，去动物园看孔雀开屏，与天地万物对话，和他一起发现美、感知美、创造美。带孩子去看电影、话剧和大马戏，和他一起讨论情节和人物，一起感受剧场的动感魅力，领悟精彩演出背后的血与泪。最难忘的是在周末观看孩子踢足球，接他回家的路上，我扮演他忠实的粉丝，听他讲解和同学们一起踢过的球，精彩纷呈的香蕉球或者是啼笑皆非的乌龙球……

在这样的陪伴中，孩子的内心也慢慢丰盈起来了。陪伴就是用家长的肩膀托举孩子，让孩子看到广阔无垠的世界。我们相信一个眼中有美、心中有远方的孩子，他的人生定会如天空一般广阔！

有一种陪伴润物细无声，它是无声的教育，更是平等的对话与无声的引领。

心理学中的"镜子效应"告诉我们，每个孩子都是家长的一面镜子。在家庭生活里，我们会用正确的价值观和行动引导他，为人处世的"执事敬，与人忠"，工作时的心系一处、惜时如金等，父母的躬身示范对孩子就是最有力的鞭策与引领。高三期间孩子回家住宿，我特别珍惜这样难得的时光，陪伴的过程也成为我们母子之间共同的温暖记忆。精心准备一碗热汤，在等孩子回来的空闲里读一读近期的好文与评论，为我们的聊天时光储备鲜活的素材，"珠峰登顶""敦煌文化""中国精神"等都会出现在我们的交流中，有时候我们会各执一词展开争论，在这样的思想碰撞中我们都学会了从不同的角度思考问题。

孩子成长的过程就是远离父母的过程，所以，珍惜和孩子在一起的短暂时光吧！如果我们在孩子成长过程中从未参与他们的生活，从未走进他们的内心，那么孩子的未来无论多么成功，也会有永远的缺憾。

二、锻造"软实力"：求木长，必固本

求木之长者，必固其根本；欲流之远者，必浚其泉源。德行、品

性、意志、心态和习惯，这些就是孩子成长的"根本"和"泉源"。与主阵地学校教育不同，家庭教育这个大后方的重要职责就在于让孩子成为人格健全的人，让他们热爱读书、勇于探索、与人为善、遵纪守法、有家国情怀……如果说才华是一个人的硬实力，那么上述这些则是助力孩子走得更远的软实力。

追求卓越，让优秀成为习惯

演绎好自己的角色，相信做好自己、被别人需要，才会有自我实现的存在感和价值感，这一直是我工作生活的信条。孩子受到我们的影响，也自觉把优秀当成一种习惯，学习追求精益求精，做事要做到极致，时时优秀，事事优秀，不弄虚作假，不敷衍了事。这种习惯让孩子在中学阶段的学习中，保持着持久的学习动力与超强的学习能力，如鱼得水。

静心阅读，打造丰富的心灵城堡

读书，读人，读世界。既读有字之书，也读无字之书。我个人比较喜欢阅读，家里的藏书也比较多，在家里孩子总能与书不期而遇，当然这里面也有我的匠心安排。在孩子小的时候，我常鼓励他绘声绘色地将书中内容唱出来或演出来。为了培养孩子的创造性思维，我们有时也会将书中的场景搬到生活中来，推陈出新或者加工改造，孩子也常常沉浸在书籍世界的悲欢离合中乐而忘忧。在阅读中汲取营养，孩子的见识和境界远超同龄人。

勇于尝试，跳出人生的舒适区

走向生活、涵养情怀、培养能力、经世致用，这也是我们共同锻造"软实力"的途径。我们鼓励他积极参与学校组织的运动会、交通疏导、迎接新生等活动，在活动中体验生活、锻炼自己，这是一个年轻人走向独立成熟的必经之路。在高中阶段，孩子参加了北大的暑期学堂和寒假学堂，在这两次综合活动中，孩子积极主动地走进北大，感悟"思想自由，兼容并包"的北大精神，体验北大浓厚的学术氛围和丰富多元的文化气息，认真聆听各学科专家们的讲座，从而在心中播下了考入北京大学的种子，逐渐明晰自己想要探索的专业领域。这就是软实力产生的积极效应！

袁隆平曾说："人就像种子，要做一粒好种子。"只有我们的身体、心灵、思想健康了，我们的事业才会根深叶茂。孩子的成长也是这样，当他具备了这些受益终身的软实力，他的人生就是一棵充满可能的大树。

三、共情共鸣：因为懂得，所以温暖

孩子的成长之路绝非一马平川的坦途，学习的压力、竞争的残酷、自我的要求，常会让孩子陷入疲惫不堪或烦躁沮丧之中，这个时候，我们会格外关注他的情绪动态，和孩子的情感心理状态同频共振，真正做到和孩子"共情"。共情是一种发自内心的理解，是和孩子同悲伤共喜乐，是对孩子内心伤痛的柔软的呵护与关切，也是家长与孩子心与心之间的默契与呼应。共情更能触动孩子的心弦，它的底色是温暖的。

中考后，孩子通过了高中信息学竞赛的入围考试，但后来没有进入竞赛班；期中考试前，他申请停课备战全国青少年信息学奥林匹克联赛，结果并没有获得理想的名次，那次期中考试也没有考出好成绩。那段时间，他陷入竞赛和高考的纠结中，既疲惫又茫然。作为家长，我们当然希望孩子在华中师大一附中的激烈竞争中能一路绿灯，但孩子也会有他的低谷期，他也需要理解抚慰和调整疗伤。既然我们希望他无论在什么样的处境中都能保持坚韧的姿态一路向前，我们就必须蹲下来和他站在一起，切身体会孩子的不易，和孩子风雨同舟共渡难关。共情才是真正的爱。

那次周末我们接他回家，路上不谈竞赛、不谈成绩，我们放他喜欢的歌，做他爱吃的饭菜迎接他，和他聊些有趣的话题，包括讲笑话（这是他比较喜欢的，而且他笑点低）。后来他慢慢释然，主动分析了自己没考好的原因，他说："妈妈，我不会丧失信心的，因为我知道自己是因为什么没有考好。"我当时觉得特别的欣慰，特意写下一段文字通过QQ与孩子分享：

洒扫，除尘，买菜，做饭，迎接儿子回来。好想像小时候一样抱抱他。未来的挑战很多，努力过就不必懊悔。人生总有一些坎要过，走过去前面依旧明媚；总有一些苦，吃过了才能创造出自己羡慕的生活。人生没有一段路是白走的，无论困境还是逆境，都能增加生命的厚度。最后想把罗曼·罗兰的一段话送给儿子：世界上只有一种英雄主义，就是在认清了生活的真相后依然热爱生活。愿你万里归来，无论遭遇了什么，依然心中有梦，热爱学习，勇敢面对，去掌控自己的人生！从现在开始，努力、努力再努力！你可以决定自己未来的模样！

作为家长，我们应该认识到，孩子的身上一方面充满了无限可能，但是同时他也不可能事事优秀、无所不能，以共情的教育艺术去体察孩子的喜怒哀乐，接纳孩子的不完美和失败，就能找到孩子进步和成长的突破口，与孩子产生心灵的共鸣。

成长路上多困境，多一些尊重、理解、关注与等待，要相信孩子内心自我觉醒的力量远远超过父母的指责说教。在孩子压力重重的时候，我会现身说法用自己走出舒适区的经历来激励他；或者化身为临时的教练与歌手，鼓励他踢一场酣畅淋漓的足球，为他唱一首儿时的歌……分享快乐，分担痛苦，这种发自内心的理解和交流，总会让孩子感受到来自亲人的温暖与信任！只要这个世界上还有父母的共情与信任，相信遇到再大的困难孩子也不会怕，他会带上这份理解与支持所催生的力量，调整自己，开始新的征程！

人生的每一个成长的阶段都值得珍惜与回味。在过去的时光里，孩子曾是手把红旗的弄潮儿，他用智慧与汗水，老师用孜孜不倦的教诲，家长用永恒的爱与陪伴，我们共同托举起孩子的高光时刻，让未名湖的潋滟波光柔柔地流进我们的心中。从孩子拥有梦想的那一刻起，北大就与他的青春密不可分，就已成为他生命的一部分，希望北大"永在巅峰"的精神永远在他的血脉里流淌！

有梦于心，向光而行。站在新的起点上，愿亲爱的儿子清零过去，再度出发，"博雅塔下宜聆教，未名湖畔好读书"，用青春去拥抱星辰大海，爱你所爱，行你所行，投身于你钟爱的科研领域，"乘风好去，长空万里，直下看山河"，让世界因为你的存在而变得闪亮！

☼ TIPS

● 心理学中的"镜子效应"告诉我们，每个孩子都是家长的一面镜子。在家庭生活里，我们会用正确的价值观和行动引导他，为人处世的"执事敬，与人忠"，工作时的心系一处、惜时如金等，父母的躬身示范，对孩子就是最有力的鞭策与引领。

● 与主阵地学校教育不同，家庭教育这个大后方的重要职责就在于让孩子成为人格健全的人，让他们热爱读书、勇于探索、与人为善、遵纪守法、有家国情怀……如果说才华是一个人的硬实力，那么上述这些则是助力孩子走得更远的软实力。

● 在孩子小的时候，我常鼓励他绘声绘色地将书中内容唱出来或演出来。为了培养孩子的创造性思维，我们有时也会将书中的场景搬

到生活中来，推陈出新或者加工改造，孩子也常常沉浸在书籍世界的悲欢离合中乐而忘忧。在阅读中汲取营养，孩子的见识和境界远超同龄人。

● 作为家长，我们应该认识到，孩子的身上一方面充满了无限可能，但是同时他也不可能事事优秀、无所不能，以共情的教育艺术去体察孩子的喜怒哀乐，接纳孩子的不完美和失败，就能找到孩子进步和成长的突破口，与孩子产生心灵的共鸣。

15

大手牵小手，一起往前走

执笔家长：姜军智

家长职业：中学教师

学生姓名：傅垲媛

录取院系：中国语言文学系

毕业中学：山东省莱州市第一中学

获奖情况：第十六届"叶圣陶杯"全国中学生新作文大赛三等奖

18年前那个暖暖的春日，女儿呱呱坠地，于是我手忙脚乱地荣升为一位妈妈。从牙牙学语到独立行走，时光如白驹过隙，突然间，女儿就长大了，背上了书包，走出了家门，成为一名大学生。看到她的点滴进步，我感到无比欣慰。说实在的，孩子的进步凝聚着老师们的汗水和心血，在培养孩子的过程中我从没做移花接木的大工程，只有修枝剪叶的小动作。

一、以身示范做榜样

　　孩子从小学习不错，但做事拖拉、效率低，对自我的要求也不高，我们说了多次不见效也就作罢了。孩子上小学时，我熬不住她晚上学习的漫长时光，在她学习的空隙偷偷玩手机，等一听到孩子的脚步声就马上摆出读书的端正模样。可好景不长，刚上小学不久的孩子有一天站在我的面前，大大方方地说了一句让我"心惊肉跳"的话："妈，你别装了，我早知道你在看手机了！"句句如刀，刀刀毙命，她犀利的眼神告诉我：不要装，不必装！"痛定思痛"，我暗下决心：锐意进取，做好学向上的家长！第二天我告诉孩子，我要考驾驶证，拿专业证书，再发展一个专长，干一行、爱一行、专一行。在孩子怀疑的目光里我开始接受驾校教练无情的"摧残"，最终考取了驾驶证！学校的优质课比赛，我千锤万击、反复打磨，最终捧回一等奖的证书！女儿也渐渐地从之前的被动依赖到主动求索，从小学时懒散拖沓、"名不见经传"，到初中勤奋刻苦，一跃成为班级的前五名。

从那一刻起，我认识到：我要通过孩子的问题，找出我自己的问题，修正我自己；孩子的问题都是我的问题，我是一切的根源，我只有好好学习，孩子才能天天向上！所以说，家长的言谈举止都在影响着孩子，家长是孩子最好的榜样。

二、书香伴子快乐长

女儿还是一丁点大时，我就开始培养她对书本的兴趣，有着精美插图的《唐诗三百首》是她最早接触的一本书，在我声情并茂的朗读中，她明白了"床前明月光，疑是地上霜"的思念，"谁知盘中餐，粒粒皆辛苦"的不易……她也渐渐对书产生了兴趣和好感。

不用太多技巧，因为书籍别致的装潢、绚丽的色彩早已牢牢吸引了孩子的注意力。她闪烁着明亮的眼睛，在反复的阅读中认识了许多字，发挥了无穷的想象力，更重要的是懂得了平凡中的爱和伟大。

再后来，我就成了听众，把诵读的任务交给了她，让她把读过的内容讲给我听，在她略显稚嫩的声音里，我看到了聪慧的桑桑、坚强的小公主……女儿对书已不仅仅是好感，而是渴望、喜悦。这让我发现，把孩子扶上路，再慢慢放手，孩子会给你一个意想不到的惊喜。

有了读书的兴趣，还要持之以恒地坚持，让阅读成为习惯，孩子才能受益终身。我选择和孩子一起阅读，要求孩子做到的，家长一定要做到。这一点家长做起来很不容易，但这是一个重要的原则。于是，每晚都有一段时间是全家人"充电"的时光：女儿在她的小书桌上专心学习，老公在卧室里上上网、浏览新闻，而我则在客厅里翻看报纸杂志，一家三口各忙各的，其乐融融。

孩子心里在想些什么，喜欢看些什么样的书，读后有什么收获，如果不及时跟孩子交流的话，你根本无从知道。

有段时间，孩子迷上了《红楼梦》，小小年纪有事没事不是沉思就是叹息，我很诧异孩子的变化，就想一探究竟。我有机会就问孩子喜欢《红楼梦》里面的哪个人物，为什么喜欢。孩子脱口而出："我喜欢林黛玉，她目无下尘、聪慧多才、伶牙俐齿、才华横溢……"我大力称赞孩子读书有心得，同时也告诉她，现代社会也要学会和别人分享，在合作中共赢。她瞪着圆圆的眼睛，十分钦佩地点头。

停下脚步和孩子慢慢走，花点时间和孩子聊聊书，付出的是时间，收获的是精彩，看到的是孩子风光无限的阅读世界。作家周国平曾说过："因为生命中不可或缺的东西就是与孩子一起成长的记忆。"

女孩子的细腻情怀是与生俱来的，伍美珍、黄蓓佳等著名儿童文学女作家都带着各自的著作走入了女儿的心房。但女儿对于历史、科普类读物却表现出极大的冷漠，这样偏颇的阅读取向让我很担心，长期下去会造成她"营养不良"。有时候，任凭我循循善诱，敌不过女儿一句"那些书我不爱看"。强扭的瓜不甜，于是我想尽办法让女儿对不爱看的书产生兴趣。

有一次，我和孩子爸爸故意在客厅里谈"三国"，"诸葛亮忠贞不贰、鞠躬尽瘁，可惜生不逢时！""周瑜少年才俊，可惜被诸葛亮算计了！"……孩子一脸困惑，忍不住插嘴："这是怎么一回事？"我们笑而不答，借此机会让她自己在书中找寻答案。

就这样，在我们的"诱导"下，女儿捧起了历史、科普类图书。

在书的帮助下，女儿的作文多次获奖，孩子的阅读理解能力也大幅提高，各科成绩名列前茅，多次被评为"莱州市优秀学生"。

都说"推动摇篮的手，是推动世界的手"。的确，父母是孩子认知的启蒙者、行动的鼓励者、心灵的保护者。在孩子的人生初途中，只要父母善加引导，阅读就会成为孩子一辈子的好朋友。

三、健全心态稳步走

从初中众星捧月的佼佼者到了人才济济的高中奥赛班，孩子有了诸多不适应，成绩起伏很大。我告诉孩子，不要和别人比，人外有人，天外有天，今天的你比昨天进步就可以了，不用太在意名次。我也从不给孩子设定竞争的目标，我认为没有必要，而且徒增烦恼，尤其是你的孩子能主动学习的时候。慢慢地，孩子的成绩在稳步提升，我也渐渐地放了心。

但总有迈不过去的坎需要我们伸手扶孩子一把。

高一的一次月考，孩子遭遇了"滑铁卢"，耷拉着脑袋一脸沮丧地回到家，我心中一惊：肯定考砸了！一问，果然物理考得一塌糊涂！我知道物理是孩子的"短板"，一提到物理孩子就打怵。可能孩子在一次次的打击中失去信心，自我设限，在一次次的负面影响中失去学习的动力，形成"我笨，我物理学不好"的错误观念，这些错误观念一旦形成，就会使她看不到希望，无力抗争。理智告诉我，必须用正确的语言进行引导，发现孩子的优点，强化孩子的优点，让孩子昂起头来，爱上物理。我抚摸着孩子的头，笑着说："当初我是班里的物理尖子，你是我生的，肯定差不了！不要太在意成绩和名次，不要和别人比较，自己进步就行了！"孩子爸爸也打趣道："你看，前面的这些人都是你追赶的对象，往后你只能进步、不能退步了！"孩子转悲为喜，一扫脸上的阴云，坚定地点点头。随后，她静下心来反思这次月考失利的原因，查找疏漏之处，在错题本上细致地写下自己的感悟。

一次次的考试磨砺了孩子的意志，增强了孩子的自信，更让孩子懂得：影响自己前进的不是知识的难度，而是不能战胜自己，战胜自己内心的恐惧，当面对失败不害怕，有屡败屡战的决心、绝地反击的勇气，就没有什么能阻挡自己前进的脚步！我想，每一次经历都是财富，所有的积累都是为了最后的高考。我们作为家长，当孩子遭遇失败时，要呵护孩子稚嫩的心灵，增强孩子学习的信心，孩子的心是稚嫩柔弱的，很难理解你"刀子嘴"后面的"豆腐心"。

四、珍惜拥有乐分享

我经常对孩子说的一句话是："老师是这个世界上唯一一个与你没有血缘关系，却愿意因你的进步而高兴、退步而着急的人。要尊敬、感恩自己的老师。"高二那年9月，孩子因崴脚开始一个多月的走读生活，我和孩子一起见证了老师的辛苦。早上6点，一中的校园已书声琅琅；晚上10点，校园的灯光依旧辉煌；午饭时间，孩子们缠住刚下课的老师问个不休，老师们疲惫的脸上带着笑容，无怨无悔。孩子所在的班级的老师们爱岗敬业、兢兢业业，是我们孩子生命中的贵人，遇上他们是我们的幸运！每每回家，孩子总津津乐道地谈起她亲爱的老师们：班主任战老师指挥若定，语文冷老师腹有诗书，地理所老师高屋建瓴，历史卞老师纵横千古，政治宿老师一语中的，数学李老师深入浅出……谈到高兴处，孩子手舞足蹈，模仿他们的语气语调、动作姿势。在孩子心中，每位老师都是她心中的宝！

"蓬生麻中，不扶自直。"和谁在一起，真的很重要！孩子所在的高二（1）班，班里的同学勤勉向上、蓬勃奋进，是她学习的榜样，孩子们在一起答疑解惑、互帮互助、共同成长，我既欣慰又高兴！我经常教导孩子，要常怀感恩之心，乐于助人，不要把别人的帮助视为理所当然，更不要因同学的一句玩笑而耿耿于怀，好心态才有好成绩，大格局才有大成就。在高中阶段，孩子心态平和、宽以待人、乐于助人，常把自己精心整理的复习资料分享给因病在家的同学。

路漫漫其修远兮，吾将上下而求索。站在新的起跑线上，我会和孩子共担风雨，共承雾霭，做温和、智慧、不断成长的家长，让孩子在家庭中有科学民主的氛围，在家庭中感到快乐，得到赏识，获得进步，阳光发展，全面发展，和谐发展。

☀ TIPS

● 我认识到：我要通过孩子的问题，找出我自己的问题，修正我自己；孩子的问题都是我的问题，我是一切的根源，我只有好好学习，孩子才能天天向上！所以说，家长的言谈举止都在影响着孩子，家长是孩子最好的榜样。

● 我选择和孩子一起阅读，要求孩子做到的，家长一定要做到。这一点家长做起来很不容易，但这是一个重要的原则。于是，每晚都有一段时间是全家人"充电"的时光：女儿在她的小书桌上专心学习，老公在卧室里上上网、浏览新闻，而我则在客厅里翻看报纸杂志，一家三口各忙各的，其乐融融。

● 可能孩子在一次次的打击中失去信心，自我设限，在一次次的负面影响中失去学习的动力，形成"我笨，我物理学不好"的错误观念，这些错误观念一旦形成，就会使她看不到希望，无力抗争。理智告诉我，必须用正确的语言进行引导，发现孩子的优点，强化孩子的优点，让孩子昂起头来，爱上物理。

家长陪伴手记

16

孩子的成长离不开家庭教育
——记孩子的成长之路

执笔家长：丁红伟

家长职业：中学教师

学生姓名：丁煜枭

录取院系：化学与高分子工程学院

毕业中学：河南省郑州市第四中学

在国家中部地区的一个小县城，孩子考上北大就是一条爆炸性新闻，在经历了众人惊羡眼神的洗礼后，我重新梳理孩子18年的成长路，并非深不可测，而是水滴石穿。

一、身教胜于言传

家庭教育是一个孩子成长过程中最重要的教育。父母应该给孩子营造一个良好的学习环境，给孩子树立一个进取努力的榜样。父母好好学习，孩子天天向上，孩子妈妈连续8年被评为"骨干教师""优秀教师"和"师德标兵"，我也成为市级学术带头人、学校教导主任。

孩子上高二时，在家上网课，电脑就在客厅，孩子在学习，而我们在客厅看书，不让孩子玩手机，我们也绝对不玩。如果当着孩子的面用手机，要让孩子知道是因为工作。

孩子的字在小学低年级时写得还不错，后来由于作业量加大和其他因素，字慢慢写得潦草了，尤其是每个字的最后一笔有飘起来的感觉。我突然明白了，原来是我写名字时每个字最后一笔故作潇洒、过度张扬，而且有时当着他的面也这样写。从此以后，我改掉了这个习惯，特别是给他写的每一封信都很用心，尽量用正楷去写，如果是行书也是规范的。这时再去要求他认真书写时，他没有了以前的那种抗拒。

父母奋斗的身影是影响孩子的力量。有人说，父母的成功是对自己孩子最好的教育。成功的定义有很多，但为了成功而辛苦付出、忙碌的身影对孩子的影响会更大。今年孩子高考结束后第一天，需要开车陪孩子把遗忘在学校的材料取回来，在路上，孩子随口说了句："我看你挺闲的呀！"我心里一惊，问他为什么这样说，他没有回答。但我知道，因为从6月5日到6月8日，这四天我一直陪在他身边，9日又开车送他去学校。我就给他解释："今年高考我们学校作为高考考场，教师要外出参加考务工作，为此调整了工作时间，这样连着要上十几天班。国家规定，有子女参加高考的教师，不能参与今年的考务工作，但我作为学校的教导主任，前期已经加班为高考考务做了大量准备工作，所以我才有时间陪你高考。今天开始上班了，但你说这个材料很重要，没有会影响你上大学，而你又不想让别人帮你取，所以我才请假来，现在我把你送回家，就要立即去上班了。"我一口气说完，看到的是孩子敬佩的目光。

二、好习惯成就好人生

1. 按时休息的习惯

充足的休息是学习的基本保证。从小学到初中，孩子一直在家住，基本能保证每天8～10个小时的睡眠时间。虽然到了高中他住校了，但孩子一直坚持保证每天7个小时的睡眠时间。只有休息好，身体才会好，学习效率才会高。

2. 爱上阅读的习惯

家里的墙上挂有一幅字：再苦再累也要读书，工作再忙也要看书，收入再少也要买书，房子再小也要藏书。这就是我们家对书的态度。为了养成读书的习惯，从孩子一岁开始，妈妈就每天晚上给他讲故事，并给他买婴儿画报、绘本等培养他的阅读兴趣。后来他有了一定的识字量，就开始自己读。从刚开始订杂志读，到后来去读者俱乐部读，即使在高考结束的这个假期，他也一样在读书。读书除了可以增长知识、开阔视野，还能提高考试时的阅卷速度，以及提炼信息和审题的能力。

3. 正确对待作业

从孩子上学的第一天起，我就告诉他："放学后第一件事就是必须完成当天的作业，然后才能做其他事情。"并且我给孩子制定了完成作业的三条标准，那就是"三完"，即写完、自我检查完、疑难问题解决完。尤其是解决疑难问题这个环节，我对孩子的要求是：对于在作业中遇到的疑难问题，必须先自己思考解决，如果百思不得其解，才可以查阅其他资料。如果再解决不了，就必须在第二天上学之后去求助老师，直到把问题解决掉。培养孩子的学习习惯越早越好，良好的习惯一旦养成，家长就不用过多地操心了。

4. 珍爱生命，爱护身体的习惯

孩子不到三岁时我背着他登嵩山，上下山共用了8个小时。他年龄小不懂登山的意义，但我想让他融入大自然，并爱上这项运动。到七八岁时他能自己登山，并把这个好习惯延续到高中。他从幼儿园开始乒乓球启蒙，三四年级开始练习羽毛球，九年级开始武术训练、周末骑车、跑步，身体锻炼一直没停。直到高三他还坚持每天跑步，而且还带动班里好多同学一起跑。

上高二时，他听到一个真实事情：一名初三学生要跳楼，家长得到信息后及时赶到，才避免了悲剧的发生。这是第一次他主动给我们说这样的事情，他说完我问他对这件事的看法，他说："这个同学太蠢了，即使再怎么着，也不能跳楼呀！真跳了，他的家人该怎么办？"孩子懂事了！我们很高兴。我接着说，生命是爸妈给你的，你要全力保护它，用心呵护它！

5. 热爱劳动的习惯

用责任说服孩子，劳动是每个人的义务。从小事做起，当儿子身高还没有达到洗碗池的高度时，他就开始站在凳子上进行每天一次的洗碗工作，并把这项劳动一直延续到现在。他只要在家，除洗碗之外，擦鞋、搞卫生等劳动也是他要做的。有一次他洗碗被我单位同事看到，就问我用的啥办法。我说方法很简单，就跟孩子说，这个家是爸妈和你我们三个人的家，每个人都是家里的一分子，每个人都应该为这个家做一些力所能及的贡献，承担起应有的责任。再给孩子说一下从早到晚每个时段我都做了什么，接下来还要做什么。在劳动时，如果家长和孩子合作做一些事情，更能拉近与孩子的距离，教育效果更好，这个家也更有亲情，也更温暖。

三、好规划考出好成绩

1. 长期规划

小学时要培养孩子的各种习惯，如吃饭、睡觉、读书、听课、上课发言、作业、演讲、写日记。小学时，我们没有刻意关注孩子的成绩，看孩子在学校很开心，习惯不错就很满足了。

在初中一、二年级时，我们还是重点关注孩子的习惯，学习方法和能力则慢慢渗透。孩子的成绩我们虽然开始关注，但没有太看重。初三要有目标意识。通过初一、初二习惯的养成，知识、能力的积累及身体的适应，初三就是爆发。目标是上高中，上什么样的高中，上高中哪个层次的班，根据目前的成绩离这个线还有多远，要做到心中有数。根据他的情况，我提出的要求是：在原来的基础上适度努力，周六要安排学习和自主复习；周日仍是休息和自由时间，这个时间不能做题。也就是说，适当要压制一下，不能一下子全身心冲上去，那样是不会有后劲的，而且以后的成绩也不会好。

高中三年培养责任，对祖国、对社会、对家庭的担当。在知识方面，高一、高二的目标仍然是打下坚实的基础。对于弱势学科要有长远的规划，并做好付出很多而短期可能看不到回报的心理准备。

2. 把握好关键节点

每一个新阶段的开始，预防要做到位。在高一开学前几天，我看孩子状态不对：从被心仪的高中录取那时的兴奋，到开学前变得坐立不安、表情凝重。我猜出了他的心思：自己虽然被录取，但从一所县直属初中到省会城市较好的高中就读，自己的中考分数与学校录取高分的差别较大，将来能否适应，心中有了疑团、有了压力。我就跟他谈心：从你自身条件来说，你在初中成绩也是数一数二的，你的自律性很强，学习习惯和方法也很好。中考分数虽然没有别人高，但你清楚是哪些科目拖了后腿。再说整个初三，你每周还保证了一天的休息时间，没有搞题海战术，更没有参加过任何辅导班，这些就是你实力的见证。说完这些，看到孩子重重地点了点头，眼中充满了光！

关键时刻要备好考。高三有四次考试较重要，分别是"一模""二模""三模"及高考。其中"二模""三模"因为起到承上启下的作用，所以尤为关键。在"一模"的考前，我没有和孩子进行交流，他考完的成绩和高一上学期期末一样。由于"一模"是第一次高考知识综合性的考试，孩子对有些知识会有所遗忘，知识点也没有形成网络，所以我对这个成绩很满意。

在高考前，我给孩子写了一封信：

孩子，上一所好大学，与你相处的是一群积极、向上、阳光的人，为了共同的理想，为了崇高的目标，而对某个问题进行争论，那该是多么美妙的一幕呀！可以说"谈笑有鸿儒，往来无白丁"是多么幸福、多么快乐的事呀！

孩子看完神采飞扬，好像他已经进了那所大学！

孩子高考很顺利，如愿被北京大学化学与高分子工程学院录取，开启了人生又一个新的征程。

TIPS

● 父母奋斗的身影是影响孩子的力量。有人说，父母的成功是对自己孩子最好的教育。成功的定义有很多，但为了成功而辛苦付出、忙碌的身影对孩子的影响会更大。

● 充足的休息是学习的基本保证。从小学到初中，孩子一直在家住，基本能保证每天 8~10 个小时的睡眠时间。虽然到了高中他住校了，但孩子一直坚持保证每天 7 个小时的睡眠时间。只有休息好，身体才会好，学习效率才会高。

● 从孩子上学的第一天起，我就告诉他："放学后第一件事就是必须完成当天的作业，然后才能做其他事情。"并且我给孩子制定了完成作业的三条标准，那就是"三完"，即写完、自我检查完、疑难问题解决完。

● 我说方法很简单，就跟孩子说，这个家是爸妈和你我们三个人的家，每个人都是家里的一分子，每个人都应该为这个家做一些力所能及的贡献，承担起应有的责任。再给孩子说一下从早到晚每个时段我都做了什么，接下来还要做什么。在劳动时，如果家长和孩子合作做一些事情，更能拉近与孩子的距离，教育效果更好，这个家也更有亲情，也更温暖。

成长是一首歌

执笔家长：王旭辉

家长职业：国企员工

学生姓名：李子轩

录取院系：物理学院

毕业中学：山西现代双语中学

获奖情况：
- 第 38 届全国中学生物理竞赛（省级赛区）二等奖；
- 2021 年全国中学生数学奥林匹克竞赛（预赛）二等奖；
- 第 35 届中国化学奥林匹克（初赛）二等奖；

孩子被北大录取，得益于学校的全面培养，得益于老师的悉心教育，得益于同学的友好相处，更得益于亲朋好友的关心和帮助，当然，这也与孩子自己善于安排学习计划，不断调整适合自己的学习方法，拥有较强的时间和任务管理意识，多年坚持不懈的努力，高考时沉着稳定的心态和对踏入燕园无比坚定的信心与决心等密不可分。

孩子被北大录取后一段时间以来，很多人问我育儿心得，我总说非常幸运，这是孩子给我们的一份惊喜吧。其实家庭教育从来都是一个艰辛而漫长的过程，没有什么从天而降的幸运，也不会有突如其来的惊喜，有的只是千般投入、万般辛苦后的得偿所愿。

如果从家长的角度来说的话，我觉得主要从慢养得自信、教养明是非、顺养有作为、榜样共成长四个方面全力支持、奋力托举，为孩子营造温馨和谐、积极上进的家庭氛围，最终收获一个心里有爱、眼里有光的孩子。

慢养得自信

慢养，稳住自己的心态，孩子才能变得自信，志气昂扬。

一是陪伴与尊重

小学时候重在陪伴，我们尽可能地挤出时间、创造条件陪孩子外出旅游，玩玩游戏，谈心聊天，保持对生活最原始的热爱。初中重在尊重，孩子逐渐有了自己的思想和主见，我们时刻调整并稳定好自己的心态，去引导他并尊重他的决定。比如中考填志愿的时候，本来很有机会去山西大学附属中学就读，但孩子考虑学校、家庭和个人因素选择了在原来的私立学校继续读书，并相信自己同样会出成果。我们最终尊重了孩子的决定。

二是引导与放手

高中以后则应该放手，逐渐退出孩子生活的舞台，静待开花结果。在高三下学期，特别是在"二模"的时候，孩子的学习成绩起伏比较大，他一时慌了神，急于在某个相对弱一点儿的科目上下足功夫，希望能够快速提高这科的成绩，导致本来有希望出成绩的科目由于被分配了相对较少的学习时间而失去了优势。针对此问题，我们没有着急上火，在与老师、孩子沟通后，温和地商量平衡分配学习时间，最终孩子在高考时体现了各科相对均衡的优势。

三是细心与耐心

我们对孩子的点滴成长都会做好记录。孩子从幼儿园到高三的奖状我们都整整齐齐放在文件夹里，照片的电子版和作文的文字版会收集成册，学校举办十八岁成人典礼的时候，我们特意制作了相册送给孩子，以增强自信，鼓舞力量。日常生活中，在性格培养、礼仪学习、品德修炼及人际交往等方面，我们有时候会免不了着急，所以经常提醒彼此要保持耐心，不把焦虑传导给孩子，要给予他不断学习和调整的机会。所以，在慢养的过程中，孩子才会像橡胶球一样，即便掉在地上也不会坏，反而会弹得更高，逐渐养成并始终保持了"反脆弱"体制，基本能够认清自己、摆正心态，做到心中有数、步履稳定。

孩子的成长过程并非一帆风顺。我们知道人的成长就像植物一样有时间表，春种、夏长、秋收、冬藏，不必强求孩子必须达到什么标准，始终给予孩子温暖和希望，成就孩子在最好的时光里汲取阳光和水分，扎根发芽，向上生长，获得了对他来说最好的收成。

教养明是非

有教养的人才能守住底线，才能明辨是非、懂得进退。

一是养成良好习惯

小学三年级前是养成良好的学习和生活习惯的关键时期，这个时候家长要巧妙管理。打个小的比方，如在孩子小的时候，我们常说的话是：出去玩儿吧，别看书了，不要累着了。但小小的孩子向往极强的主权，你越要他干啥他越不干啥，反而会先学习、多看书，与你背道而驰，这不正是家长想要的吗？当然要在健康安全的前提下。此外，要狠心监督孩子早睡早起，学习有目标、有计划，完成任务有落实，笔记要认真，素材要积累，玩游戏限制时间，外出要遵守约定，学习、家务和运动劳逸结合，寻找适合自己的学习方法，等等。习惯养成且定型后，后期基本不用家长怎么管，孩子自己就很自觉。

二是坚决守住是非底线

引导孩子遵守国家法律法规、社会交通规则、学校规章制度和人际交往规则等，不是自己的东西不拿，借人的东西及时归还，不与规则较劲，不和人起争斗，不轻视别人、要爱惜自己……该遵守的底线坚决要遵守，我们始终以"大原则必须遵守、小原则可以变通"为准则，在严格要求孩子的同时，也请学校和老师对孩子严加管教，使孩子有了明确的底线意识。

三是常以书信沟通鼓励

孩子一直住校，短则一星期、长则50天才回家一次，很多事情需要自己协调解决。我们常常会借助书信沟通信息，默默支持，给予孩子前行的力量。比如，比孩子小一轮的妹妹出生的时候，恰逢他六年级开学，我们会在他的书包里塞一封"妹妹不会霸占他的爱、我们都会永远爱他"的小信；在他取得成绩的时候，写一封"肯定过去但需戒骄戒躁"的信；在他伤心失落的时候，会有一封"鼓舞干劲"的长信；在他压力巨大时，我们则会以幽默诙谐的方式与他逗趣；在他接近目标时，我们则诚信许诺并如期兑现……

顺养有作为

顺养，在大原则范围内不干涉孩子的决定，孩子才能更加快乐、大有作为。

一是管理民主化

在日常生活方面，家里大事小事都征求孩子的意见，始终尊重孩子的想法，家庭成员之间虽偶尔有小吵小闹，但相互理解包容、相互支持补台，使孩子在民主温馨的家庭环境中健康成长，情绪稳定了，学习生活自然也就顺了。

在课外培训方面，我们尊重理解孩子不愿意参加学科培训的决定，从不强迫。也不要求孩子一定要进什么兴趣班，而是支持他自己的兴趣，呵护他的创造力，让身心得以全面成长。最终，他从小到大从未参加过任何学科类培训，兴趣方面根据自己爱好勇于尝试，选择了折纸、积木和相声等并乐于坚持，有效成为艰辛枯燥学习生活的调味剂。

在学习安排方面，在出现完不成作业且不想写的情况时，孩子会选择已会的放弃、不熟不会的专攻，这个时候我们不会强迫他必须一字不落地机械完成作业，而是尽可能地管理民主化。同时，孩子觉得相比掌握知识的速度和精度去单纯追求考试分数，理解知识的深度和广度更重要，所以他会挤出时间看一些学科竞赛类的书籍，也会去散步、踢毽子、折纸、看动漫、玩BBOX（一种节奏口技）、积极参与学校和班级活动……从而在一定程度上，缓解了自己的学习焦虑，同时也开阔了自己的视野和格局，拓展了知识面，促进了学习效率的提高。

二是选择自由化

对于高考目标，作为家长，我们当然希望孩子考取更好的学校，走向更高的平台。但我们并没有对孩子提出过高的要求，孩子小小年纪像蜗牛一样背负重重的壳前行，有时候也会心力交瘁。特别是在高三阶段，由于外界关注较多，内在压力巨大，孩子出现了两次情绪特别坏的情况，我们和孩子开玩笑说：即便高考发挥失常，咱还有保底的学校，考取省内的学校吧，将来找个媳妇成家后双方父母都在身边，过日子没有压力，要多滋润有多滋润……帮助孩子释放压力的同时，积极鼓励孩子量力而行。在学校和老师的关心指导下，待孩子状态稳定后，我们再激励他蓄力冲刺，只要有一线希望就要坚定朝着既定的目标奋进，以从容的姿态应对高考。

高考前各大高校举办夏令营、冬令营，孩子一定要参加北大的活动；填报为高考多加一层保险的"强基计划"时，孩子也坚决选择北大。特别是高考后大学专业的填报，他最终选择了相较金融、计算机等热门专业而言偏冷门的物理专业，即便知道要经历艰苦漫长的科研之路，仍有着自己的笃定和坚持。作为家长，我们不会强迫孩子必须读什么学校、选什么专业，甚至去哪个城市，以及为了把孩子留在身边不让出省。我们唯一所能做的就是竭尽全力支持他、尊重他，同时搜集尽可能多的关于城市、学校、专业和生活等方面的信息供其参考。

榜样共成长

家长做好榜样，孩子才能赓续家风，品行良好，踔厉奋发，笃行致远。

一是思想上引领

孩子爸爸和我是二十多年前测绘工程专业的大学同班同学，目前都是国企工作人员，我们曾一起上山下井、加班加点，熬过了相当艰难的岁月，但最终我们选择了以坚毅的品格不懈坚持，用包容的胸襟对待别人，择感恩的心态展望未来，对待工作敬业负责，对待他人宽容友善，我们的人生相对来说也越来越开阔。在耳濡目染的氛围中，孩子向上向善、换位思考，一直特别尊重老师，与同学朋友都能友好相处，间接地促成了其乐观的生活态度、轻松的学习状态，并拥有一个良好的学习环境。

二是行动上带领

想要让孩子离开手机，家长自己首先必须远离手机。在孩子初中以来特别是高三阶段，我们卸载了最火的"抖音"等几个可获得短期快感的手机软件，除了和学习、工作相关的内容，从来不会为了一时欢愉沉浸在手机的世界，让它在不知不觉中偷走时间、消磨意志、摧毁向上的能量。相反，家里最多的物品是书籍，闲暇之余，家人一起看书是比较常见的状态，当然家长也免不了偶尔的假装用功。爸爸几十年如一日地扎根矿山，攻坚啃硬、拼搏进取的精神与行为也潜移默化地激励和影响着孩子；妈妈在工作之余，利用业余时间苦学教育知识，先后考取了教师资格证书、心理咨询师资格证书和幼儿园职业园长（高级）证书等，奔五的年纪也加入了考研的大军……所以，孩子也知道全力克制自己，尽管过程很痛苦，但正是高度约束与极度自律才成为蜕变成长的助推器，使得他从未背弃那个在未来等待着的自己，最终圆梦北大。

成长是一首歌，曲调有高也有低，歌中有你也有我。孩子在未来的路上，将见我们未见的世界，写我们未写的诗篇。北大大师云集，很感谢孩子能够有宝贵的机会圆梦北大并开启新的追梦旅程。唯愿孩子满载大家的祝福，往后余生，怀揣青春的理想与抱负，肩负成长的使命和力量，笑里全是坦荡，爱里灌满阳光，在四年燕园生活后能收获满腹的才华以及心系天下的情怀。

 TIPS:

● 小学时候重在陪伴，我们尽可能地挤出时间、创造条件陪孩子外出旅游，玩玩游戏，谈心聊天，保持对生活最原始的热爱。初中重在尊重，孩子逐渐有了自己的思想和主见，我们时刻调整并稳定好自己的心态，去引导他并尊重他的决定。

● 日常生活中，在性格培养、礼仪学习、品德修炼及人际交往等方面，我们有时候会免不了着急，所以经常提醒彼此要保持耐心，不把焦虑传导给孩子，要给予他不断学习和调整的机会。

● 小学三年级前是养成良好的学习和生活习惯的关键时期，这个时候家长要巧妙管理。打个小的比方，如在孩子小的时候，我们常说的话是：出去玩儿吧，别看书了，不要累着了。但小小的孩子向往极强的主权，你越要他干啥他越不干啥，反而会先学习、多看书，与你背道而驰，这不正是家长想要的吗？

● 想要让孩子离开手机，家长自己首先必须远离手机。在孩子初中以来特别是高三阶段，我们卸载了最火的"抖音"等几个可获得短期快感的手机软件，除了和学习、工作相关的内容，从来不会为了一时欢愉沉浸在手机的世界，让它在不知不觉中偷走时间、消磨意志、摧毁向上的能量。

家长陪伴手记

18

不"鸡娃",孩子如何上北大?

👤 **执笔家长:** 樊德凤

💬 **家长职业:** 心理咨询师

👤 **学生姓名:** 陈钰杰

🎓 **录取院系:** 元培学院

🏛 **毕业中学:** 首都师范大学附属中学

⭐ **获奖情况:** 第28届"叶圣陶杯"全国中小学生新作文大赛(省

级)决赛一等奖

今年暑假陈钰杰的高考成绩出来以后，有好多朋友问我是如何进行家教的，报了哪些课外班。我发现有不少父母关于如何养育孩子有误区，在我与朋友们分享心得的过程中，我总结了几点，如果能对后来的父母有一点帮助就太好了。

孩子照书养，父母要学习育儿知识

我经常向身边有孩子的亲戚朋友推荐关于教育孩子的文章、书籍、公众号和视频。我说，做医生要学习医学知识，开车要考驾驶证，养鸡要学习，种菜要学习，养孩子比养鸡、养猪、种菜、种水果要专业得多、重要得多，更得好好学习。只有了解孩子的成长规律，了解孩子的心理需求，才能养育好孩子。我是从怀孕就开始学习相关知识的，在孩子2岁时开始从事新浪育儿、亲子教育图书方面的编辑工作，后来与同事一起创办父母成长工作坊，这些经历让我学习和积累了很多育儿知识。即使后来不再从事这类工作，我还是每天不断学习，了解孩子的健康、教育和心理等方面的知识。

所以，我建议所有父母都要好好学习养育孩子的知识，孩子少受罪，父母少受累。

从小阅读好，学习特省心

从小给孩子讲故事的好处是我一开始完全没有想到的。我是从孩子1岁半左右开始用无字书给孩子讲故事，孩子听得津津有味。慢慢地变成有少量字的书，后来字多一些，到小学孩子看的书就全是字了。从小阅读能大大增强孩子的语言表达能力、写作能力，孩子的思路活跃、眼界开阔、思想丰富。喜欢阅读的孩子，上学以后的学习比没有阅读习惯的孩子省力、有效得多，简直是一劳永逸、一本万利的好事。

勿问成绩，但求陪好孩子每一天

身边很多父母在孩子很小的时候就开始给孩子报很多学习班，非常焦虑，每天关注的重点就是孩子如何才能考一所好大学。我的一位亲戚的孩子才上小学三年级，期末考试考了95分和99分，她就愁得不行，说这分数不够尖，将来不好进名校。我说孩子才三年级，一是这个分数也算是很优秀了；二是我们要了解孩子在这个阶段有哪些特点、哪些需求，父母该如何陪伴，读哪些课外书，如何运动，培养哪些方面的能力，等等。就像种庄稼，什么时候该施肥，什么时候该浇水，如何防虫……做好每一步的工作，到了秋天自然有好收成。一味只是抓学习成绩，结果不一定成绩好。如果生活自理能力、社交能力等基本能力不足，学习成绩再好，将来生存也费劲。

一个孩子应该是正常长大，许多方面的能力都要同时发展，根基牢固，主干粗壮，将来才能枝繁叶茂、硕果累累。好成绩是孩子健康成长自然结出的果，不必刻意追求，不要过于在意，放平心态，孩子反而总是给我们惊喜。

如果家长过分在意考试成绩和排名，孩子很容易焦虑，很多精力就消耗在这个焦虑上了。家长要放平心态，恰当地看待成绩和排名，不要看得过重。孩子考得好不必激动，考得不好也不必崩溃。父母尤其不可以表现得孩子考得好就爱孩子，考得不好就不爱孩子。这样会让孩子的自我价值感与考试成绩挂上钩，以后的人生，一旦没有好成绩就会失去自我价值感，容易自卑和抑郁。

如何逐步培养孩子的自立、自理能力

从小学一年级开始，我就让孩子自己收拾书包，前半年帮他留意一下或提醒一下有没有落下什么东西，偶尔落下了，必要的也给送，做得好的就夸夸他，做得不到位的提醒一下。很快习惯养成了就不用提醒了，孩子也很少需要送，很少落东西。

记作业也是，从小学一年开始，一开始我帮孩子记，慢慢地鼓励他自己记，他记住了就夸他，很快就不用我操心了。同样，关于陪写作业和检查作业，也是在一年级时带上路了我就不管了，后来孩子一直都做得很好。我只负责签签字，以及在孩子得了满分和A+时作出满意的表情和给予各种夸赞。

好孩子是鼓励和欣赏出来的

好多朋友跟我讨教养育孩子的心经，我说我真没有怎么去盯他、教他，我的捷径就是欣赏和鼓励，这是最省事、最有效的办法（后来知道这叫培养自主性和内驱力）。我很少去说教他，更不会去吼他。

看到孩子只要有一点好的地方，我都会肯定一下、夸一下。孩子刚开始学写字时，写了一页的字，我挑那几个相对好一些的字夸，"这几个字写得好""这个字的一横写得好""哇，几天不见字写得更好了"，所以孩子的字也是越写越好看。

他做完美食以后收拾了工具，我就夸他："哇，今天自己收拾好了工具，操作台干干净净，妈妈不用动手了！真好，妈妈觉得好开心。"

跟他聊天，上至天文下至地理，他聊得精彩的地方，我就一脸崇拜："哇，儿子你讲得真好，还可以从这个角度来理解。""哇，这些你都知道啊，听你这么一讲，我感觉我的眼界又被打开了一些。"孩子高兴得两眼放光，上蹿下跳。

不当厨子不是好学霸

哈哈，这句是朋友圈的朋友们常说的话。

他从小喜欢在厨房里玩耍，厨房里的许多东西都可以是很好的玩具。孩子什么事都喜欢参与，我们只要平静地告诉他注意事项和方法都没问题。到后来他摆弄蔬菜、水果，慢慢地参与做菜，一点一点地尝试，做得好我们就表扬。没想到他进步得非常快，以至于我们的厨艺无法满足他，他就自己上网搜索各种美食的做法，非常用心地做。在小学三年级时，他就可以完全独立做出超级美味的比萨，六年级就能独立做出能与蛋糕店媲美的蛋糕，还有水煮肉、东坡肉等难度很高的菜。

孩子每次策划好要做什么以后，就开始采购食材，然后精心制作，丝毫不马虎。他常说，美食就是不怕麻烦。我感觉他在制作的整个过程中都很快乐、享受。

每次做完以后，他都会美美地品味着，很满足，感觉卸掉了一周的疲惫，精神饱满地迎接下一周。

愿他以后继续以这样的状态，懂得享受生活，只有生活好，才能学习好、工作好。

考得不好时怎么办？

印象最深的是初一下学期期末考试，孩子的数学考得很差，年级排名快倒数了。孩子的爸爸一听就急了，他以为孩子放松、贪玩了，需要好好教育一下，就开始训斥孩子。孩子考得不好引起了他的强烈焦虑，他把自己的焦虑向孩子发泄，孩子被吓得泪流满面。这时候孩子更需要的是安抚和帮助，孩子其实是最想考好、最焦虑和煎熬的那个人。

我赶紧制止了孩子的爸爸，然后跟孩子谈心。他说："数学太难了，我不擅长数学，我讨厌数学。"我就安慰他，帮他分析："不是你不擅长数学，是因为我们小学从没报过课外班，别的同学都报了课外班，老师讲课速度快，你还没学透就过去了。学校出的题比较难，只要是学校出的题你就容易考不好，以前考区卷就考得挺好的，说明你的基础知识学得还不错，只要学好基础知识，课上听好，作业写好，中考卷子不难，不用担心。"其实因为跟不上，孩子的信心受打击，部分基础知识已经落下，我抽了一些时间帮他理一理，他很快就通了。

到了初二第一学期期中考试，他的总分一下子提到了全班第一，信心大增。

其实在孩子学习下滑时，他需要的不是父母的责骂和施压，他更需要的是父母的关爱、支持、鼓励和具体的帮助。我们要相信孩子，与孩子站在同一条战线上。

中学六年，家庭给孩子松绑不加压

孩子上中学以后，每天早上6点多就得起床出门赶去学校，到晚上回到家，一整天几乎都坐着上课和学习，真的很辛苦、很疲惫。孩子回家以后，我们先安抚他，让他吃吃喝喝放松放松，然后再去写作业。周末要完成学校布置的作业也得花不少时间，其余的时间我们就让孩子用来消遣消遣，不能让学习占满孩子的全部时间，得有一部分时间用来享受生活。

学校给孩子的压力就已经很大了，所以我们从来没有给他额外的学习任务和压力，并且常常帮他缓解压力。放学以后跟他聊聊天，问问今天过得怎么样。他如果说太累了，我们就会接纳和理解他。"哦，是呢，太累了哈，上一天学辛苦了！真是不容易呢！"当孩子的苦和累被父母看见和理解，他的情绪就得到了释放，就不觉得那么累了，就能恢复能量继续面对第二天的学习。

尽量不报课外班，减压！减压！减压！

不少知道我儿子考上北大的朋友问我："你们都给孩子报了哪些课外班？"从幼儿园到高中我们几乎没有给孩子报过课外班，只在高二高三时给他报了每周 2 小时的数学补习班，那也是他自己想上的，说看别人都上自己不上就心里发慌。

因为我觉得能学好学校老师教的内容和完成好布置的作业就够了。报很多课外班反而会分散精力，得不偿失。许多孩子为了应付课外班，完成不好学校的作业，疲惫不堪，上课也无法集中注意力，反而影响学习效果，身边不少报了很多课外班的孩子成绩并不好。

做60分父母，孩子省心能干

作为父母，我们在许多方面其实是不足的，比如我做的菜不怎么好吃，而我儿子很喜欢吃得美味精致，他就自己动手去做，我很支持他，需要什么材料和设备我尽量备齐，再大一些他就自己采购了，我给足经费就好。做好了我就负责品尝，然后非常享受地去夸赞，结果就是我吃到越来越多、越来越好吃的美食。

上中学这几年我和他爸都太忙了，忙得顾不上一些他的事和家里许多事，他就渐渐地将自己的事全操办好了，不到万不得已不找我们。我们忙的时候，家里缺什么生活用品，负责后勤的爷爷就告诉他，由他负责采购。没电了也让他去买，倒垃圾等家务活他也没少干。这样就锻炼了他的生活能力和责任心，也让他了解了居家生活的琐琐碎碎。他在暑假期间有时还帮家里下单买菜、买其他生活用品，大到家电，小到选购自己做美食需要的食材、自己的衣服、旅行和开学所需的各种用品，全都是他自己搞定，我很省心。

进入大学，愿孩子在努力学习的同时，依然不忘享受生活的美好。不忘初心，学习好是为了将来有更好的生活！但当下生活好，才能学得更好，工作得更好！

TIPS

● 从小阅读能大大增强孩子的语言表达能力、写作能力，孩子的思路活跃、眼界开阔、思想丰富。喜欢阅读的孩子，上学以后的学习比没有阅读习惯的孩子省力、有效得多，简直是一劳永逸、一本万利的好事。

● 如果家长过分在意考试成绩和排名，孩子很容易焦虑，很多精力就消耗在这个焦虑上了。家长要放平心态，恰当地看待成绩和排名，不要看得过重。孩子考得好不必激动，考得不好也不必崩溃。父母尤其不可以表现得孩子考得好就爱孩子，考得不好就不爱孩子。

● 看到孩子只要有一点好的地方，我都会肯定一下、夸一下。孩子刚开始学写字时，写了一页的字，我挑那几个相对好一些的字夸，

"这几个字写得好""这个字的一横写得好""哇，几天不见字写得更好了"，所以孩子的字也是越写越好看。

● 在孩子学习下滑时，他需要的不是父母的责骂和施压，他更需要的是父母的关爱、支持、鼓励和具体的帮助。我们要相信孩子，与孩子站在同一条战线上。

● 学校给孩子的压力就已经很大了，所以我们从来没有给他额外的学习任务和压力，并且常常帮他缓解压力。放学以后跟他聊聊天，问问今天过得怎么样。他如果说太累了，我们就会接纳和理解他。

家长陪伴手记

孩子的成长需要家庭教育

执笔家长：何彦东

家长职业：中学教师

学生姓名：何宇翔

录取院系：化学与分子工程学院

毕业中学：广西柳州铁一中学

获奖情况：● 第 35 届中国化学奥林匹克（决赛）二等奖

　　　　　　● 第 35 届中国化学奥林匹克（初赛）一等奖

当孩子拿到北京大学录取通知书时我感到很欣慰，家里其他人也无比高兴和幸福。一时间，街坊邻里议论纷纷，不时投来羡慕的目光。我想，这不仅仅是孩子和家人的骄傲，也是老师和学校的骄傲，甚至是我们这个地方的骄傲！一直以来，同事和朋友总是在问我是怎样教育孩子的问题。思来想去，把自己对孩子的教育点滴整理出来与大家分享。

一、父母是不可替代的启蒙者

俗话说："三岁看长，七岁看老。"从出生到初中阶段，是培养孩子良好习惯的最佳时期，父母的言行举止无不影响着孩子。因此，在日常生活中，大人之间一些尖锐、负面的话题尽量不在孩子面前争论，多给孩子正面、积极的正能量。我作为乡村教师，虽然工作条件在各方面都比不了城里，但是我始终不在孩子面前怨天尤人、传播负面情绪，平时通过自己积极工作的态度来培养孩子正确的人生观、价值观。

在与孩子相处的过程中，我在他不同的年龄段以不同的形式与他进行沟通，让孩子的逻辑思维得到培养，同时也逐渐培养了孩子对各领域、各学科的爱好。比如，孩子在幼儿时期与我们一起在乡下生活，为了让孩子了解自然，我常常带孩子在田间地头散步，引导孩子识别自然界的一草一木，从中激发孩子对自然界的兴趣。到小学阶段，我发现孩子总喜欢问为什么，于是我自己加强学习，尽力回答孩子的问题，同时也给孩子买了很多书籍，如《十万个为什么》《大自然的奥秘》等，与孩子一起进行探讨学习。

孩子的天性都是好动的。在生活中我发现孩子喜欢拆解和组装东西，于是我给他买了拼图、积木、魔方，并和他一起拼装；到小学三四年级的时候，我们甚至玩起了七阶魔方。这样既培养了孩子的动手能力、逻辑思维能力，又加深了亲子关系。

孩子的成长不仅需要父母的呵护，更需要父母的启蒙。

二、尊重孩子个性，引领孩子的个性发展

孩子降生伊始对五彩缤纷的世界充满好奇，这种好奇就是认识世界、了解世界和改造世界的原动力。父母的正确引导能够帮助孩子今后对自然、社会、人文科学产生浓厚兴趣，进而产生求知欲。

很多时候，父母不能因为孩子出于对事物的好奇而做出的出格事情而大动干戈，这样会将孩子的求知欲扼杀掉。比如，孩子读小学时，学了自然科学中关于气味的相关知识，他回到家中竟然拿起塑料桶、布角料、纸等物品在家中分别燃烧闻气味，导致屋子里充满着各种焦味。我回到家中见到此景，一边克制自己的情绪，一边跟孩子讲防火和用火安全的知识，并告诉孩子做实验要注意的事项。这样做不仅让孩子学到用火、防火的安全知识，还让孩子保持了对新事物的好奇心。

正是对生活中这些点滴的正确处理，到初中阶段，孩子对各学科都感兴趣，特别是化学，从初中到高中一直是孩子最喜欢的科目。孩子在高中时参加中国化学奥林匹克竞赛还荣获全国赛银牌。

三、掌握孩子的思想动向，及时开导孩子

进入青春期的孩子，虽然有大人的思维但是缺乏经验，思考问题不够成熟，很容易走错路。作为家长，我们要积极主动配合学校老师及时开导孩子。

记得刚上高一的时候，孩子有幸加入了化学奥赛的校队。一开始孩子的积极性很高，但是随着奥赛培训的强度增强和难度增大，以及很多队员中途退出等这些因素，孩子也打了退堂鼓。当孩子将这个想法告诉我后，我并没有立即批驳孩子，而是让孩子冷静后，帮他分析利弊，鼓励他克服困难。最终他坚持了下来。在高二的时候，孩子独自去外省几个地方参加奥赛培训，但他并不胆怯。正是他的坚持，最后取得了好成绩。

四、培养孩子良好的生活习惯

好的生活习惯是好的学习习惯的前提；好的生活习惯带来好的精神状态，从而产生高昂的学习热情。孩子从小一直跟随我在乡下生活，因为我从事教育工作，一直都讲究有规律的作息。平时我都要求孩子跟着我作息，这就培养了孩子好的作息习惯。因此，孩子从小学到高中没有一次迟到。

随着科技的发展，智能产品也层出不穷，手机已经成为人们日常生活中必备的智能产品。孩子也避免不了接触这些智能产品，如何用好这些智能产品，我觉得也与家庭生活习惯有关。

首先，家长在孩子面前不能无节制地使用电子产品。比如，自从孩子懂事以来，我们要求做到如下几点：第一，不能熬夜玩手机；第二，孩子在家自习、写作业时，电视机必须关掉；第三，休息时间孩子不能

带手机进入卧室。这样长期坚持下来，孩子在家自习、写作业的时候就没有受到影响，也让孩子明白我们的良苦用心。

其次，疏导孩子正确使用智能电子产品。我认为使用智能电子产品，"疏"比"堵"好。一味地禁止往往只会适得其反。在平时与孩子的相处中，我们会默默关注孩子用电脑、手机的使用方向。比如，在孩子写作业的时候，我发现他特别喜欢用"作业帮"直接得到答案。于是我耐心地跟孩子讲，直接抄写答案和自己探索得到答案是不一样的，"作业帮"的答案是拿来核对的，具体错在哪里你自己要去探索，这样你才真正地掌握了知识。这样慢慢地引导，让孩子正确地使用好"作业帮"。

孩子爱玩电子游戏也是令家长头疼的问题。孩子一旦沉迷游戏那将是如同跌入万丈深渊，无法自拔。面对这个问题，我曾经和孩子一起利用网络查阅过各种游戏网站的帖子，看看这些玩游戏的人如何评论，从中也了解网络游戏吸引人的地方。让孩子看清网络游戏的真面目，告诫孩子沉迷网络游戏无异于自甘堕落。

以上就是我在培养孩子方面的一些体会，不足之处还望批评指正。总之，育人不是千篇一律，育人工作漫长而又复杂，毕竟是"十年树木，百年树人"嘛。感谢为孩子的成长而付出的老师、长辈们。我将告诫孩子时刻勿忘国家的培养，勿忘母校恩师的教诲，勿忘亲人的养育，做一个对社会、对国家有用的人。

☀ *TIPS*:

● 孩子的天性都是好动的。在生活中我发现孩子喜欢拆解和组装东西，于是我给他买了拼图、积木、魔方，并和他一起拼装；到小学三四年级的时候，我们甚至玩起了七阶魔方。这样既培养了孩子的动

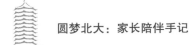

手能力、逻辑思维能力，又加深了亲子关系。

● 很多时候，父母不能因为孩子出于对事物的好奇而做出的出格事情而大动干戈，这样会将孩子的求知欲扼杀掉。……我回到家中见到此景，一边克制自己的情绪，一边跟孩子讲防火和用火安全的知识，并告诉孩子做实验要注意的事项。这样做不仅让孩子学到用火、防火的安全知识，还让孩子保持了对新事物的好奇心。

● 家长在孩子面前不能无节制地使用电子产品。比如，自从孩子懂事以来，我们要求做到如下几点：第一，不能熬夜玩手机；第二，孩子在家自习、写作业时，电视机必须关掉；第三，休息时间孩子不能带手机进入卧室。这样长期坚持下来，孩子在家自习、写作业的时候就没有受到影响，也让孩子明白我们的良苦用心。

20

好风凭借力，扬帆正当时

执笔家长： 李泽均、刘德英

家长职业： 中学教师、小学教师

学生姓名： 李承远

录取院系： 外国语学院

毕业中学： 重庆南开中学

获奖情况： 2018 年全国"最美中学生"

当孩子拿到北大的录取通知书，回望18年的育儿过程，我们暗忖："但愿我们这缕清风，能算作是儿子远航途中的一缕好风。"

从2021年暑假起，国家重拳出击，加大对教育乱象的治理，"双减"政策落地。在这样的背景下，仍有许多家长处于焦虑之中，迷失了教育的初心，最终也没能得到望子成龙、望女成凤的理想结果。

以下我们分享一些关于家庭教育的拙见，如有不妥，烦请赐教。

重视课堂，切忌舍近求远、本末倒置

从小学一年级到高三毕业，我们一直坚持一个理念——少补课。在12年里，文化课方面孩子只补过数学。我们的感悟是：孩子成绩的提高，要坚定地立足于课堂40分钟。对于学校里学习的课本知识而言，试想，一周数学五至七节课，如果课堂听课质量不高，甚至放弃课堂，再牛的名师，也无法在周末用两三个小时给你补齐所有的知识。周末补课只能是有限的补充或提高。依靠周末补课，甚至周末全天候、多学科补课，会导致孩子走上错误的道路——课堂听课效率低下，甚至游戏课堂、放弃课堂。这样的恶性循环、饮鸩止渴，只会费力不讨好、事倍功半。这是严重的本末倒置，家长应该警惕。

国家今年实施"双减"政策，直击教育"内卷"，打破教育"剧场效应"，还孩子学习本该有的样子，促进孩子自然生长。在新形势下，更应坚持少补课，这样孩子才能留出更多的时间自主安排学习生活与课余生活，多方面地培养孩子的兴趣爱好，让孩子既学会学习又学会生活，同时也提高了孩子的自觉性与独立思考、独立生活的能力。如此，才能促进孩子生理、心理健康成长，成就孩子快乐、健康的人生。

家长作为孩子成长的坚实后盾，应该摆正心态、放下焦虑，更多地思考怎样充分释放孩子的天性、尊重孩子的个性、培养孩子的自觉性；而不是一味地"填鸭"，将教育孩子的正常压力与责任，通过堆钞票的做法转交给补课机构而草率了事。教育的主体责任始终在家长身上，我们要勇于担责、聪明担责。

见贤思齐，择善而从

1. 安抚孩子的胃，带动孩子的腿，激荡孩子的心

清晨早起，为孩子做好热气腾腾的早餐，你坚持早起就是孩子无声的榜样。你周末在厨房忙碌的身影，也向孩子展示了你与之一起奋斗的决心。你坚持锻炼身体，也是孩子健康生活的正向引导。"孩子，你不是一个人在战斗。"日上三竿你却躺在床上大梦周公，要求孩子早起，要他如何做到呢？周末你躺在沙发上玩手机云游网络世界，在各种商圈左右逢源，孩子吃饭却靠点外卖，怎么要求孩子自觉奋斗呢？父母是孩子的榜样，你的一举一动都在无形之中影响着孩子，为孩子作出示范。不可否认，现在的学生学习的确很苦，在这样的情况下，我们更要拿出一起奋斗、一起拼的姿态，不要让孩子在努力时感觉孤单、感觉寂寞。

2. 坚持做好自己的工作，做孩子积极进取的榜样

关于孩子的学习，家长能直接帮助的，唯有在小学起步阶段协助其培养良好的学习习惯。其他的，特别是初高中的课程，很多家长都无能为力、望洋兴叹，而更多时候，对于孩子的知识学习，其实也不必帮。在孩子的学习方面，我们能够自始至终做的就是坚持做好家长自己的工作，做到精益求精。孩子身边随时有一个积极进取的榜样，就能带动他不懈地朝着目标去奋斗、去努力，即使累了、想松懈了，也是健康地、科学地放松，也只是云游半晌，归来仍能够全身心地投入学习。你的坚持、你的奋斗，本身就是精彩的励志故事，而这样的故事不是存在于书本中、网络上，而是实实在在发生在孩子身边，亲肤可感。不需要渲染，不需要铺排，落实在行动上，便会更强有效地感染孩子，便会像基因一样传承。相反，你对待工作的态度都是可有可无、可好可坏、不尽心不努力，你怎么去要求孩子努力学习？你的说服力在哪儿？所谓"言传身教"，大多数家长能够做到"言传"，而"身教"却不了了之、不尽如人意。或许这就是许多天资聪颖的孩子虽有事业成功的家长，最后却误入歧途、碌碌无为的原因吧。

问渠那得清如许？为有源头活水来

1. 书中自有黄金屋，书中自有颜如玉

少看手机，坚持读纸质的课外书。所谓"开卷有益"，多读书不仅能够提升家长自己的眼界与学识，增强工作能力，更能营造共同读书的氛围，促进孩子爱上读书。当然，如果能和孩子同步读，或者阅读和孩子最近感兴趣的内容有关的书籍就更好了。这样亲子之间就有了更多的话题，不仅能够有效减少亲子之间的隔阂，减轻孩子青春期的叛逆，而

且能在交流的过程中更加了解孩子，更好地陪伴孩子。

2. 坚持学习不同阶段的育儿经验书籍，向专家借智

通过学习，做一个有准备的家长，做一个淡定的家长，做一个智慧的家长。比如，在孩子高三期间，孩子爸爸就专门学习了某著名教育家的实践教育著作，做了一万多字的笔记和心得。通过学习，我们家长淡定了，孩子也逐渐淡定了，我们一起更智慧了。

草草杯盘，昏昏灯火，陪伴是最长情的告白

隔代教育是无奈之举，绝不是明智之举。教育孩子，祖父、祖母最多是配角，主角永远是父母。孩子在高中阶段压力大，情绪容易波动，家长应尽量陪伴。对于住校的孩子，家长一定要抓住周末、节假日的时间多陪伴孩子。

下列几个时段家长尤其要注意：① 新高考的高一上学期选科阶段；② 月考、期末考后，特别是孩子成绩波动较大时；③ 高三期间孩子对自己的成绩、名次还未形成较准确的定位时；④ 高考前后……在这些特殊时段，孩子的情绪容易波动，如果有家长陪伴或者能和家长面对面聊聊天，就能帮助孩子早日走出矛盾、焦虑、纠结，恢复淡定的心，更快投入下一阶段的学习。家长要坚持内紧外松，不要过分紧张，甚至焦虑，因为紧张或焦虑是可以传染的，如果你沉不住气，孩子就很难从消极的情绪中走出去，反倒耽误了重新投入学习的良机。

常和孩子聊聊天，不一定聊学习，不一定聊志愿，不一定聊选科，天南地北、稀奇古怪的都可以聊。孩子长大了，不要追求一次把天聊透，更不要追求一定要把他说服。你很有可能说不服他，相反他在某些方面很有可能比你懂得多、懂得深。聊天要注意技巧、要掌握火候，不

要把天聊"死"了。无话可说或不愿与你说才是最可怕的。在交流的过程中不能摆出家长架子，而应该体现平等，接受彼此的意见，在观点的交流碰撞中"以理服人"，这样才能实现"教学相长"，使家长与孩子一同成长。

高中阶段的学习，孩子必然要经历矛盾、失落、焦虑、紧张等各种情绪失常，家长不要妄图去暴力干涉孩子的情绪，不要急于去帮孩子解决问题，应该做好的便是"陪伴"。"陪伴是最长情的告白"，经历了各种负面情绪的承受和消化，孩子才会长大，孩子才会更坚强。看着他经历这些，比离开你以后才经历这些更加安全。

孩子终将离开你去远行，当孩子陷入消极情绪时，天南地北地聊聊，畅通交流的渠道，帮助孩子释放不良情绪和压力，更有利于孩子健康成长。如果孩子的心里始终充满阳光，那么我们的教育就成功了一大半。

图南未可料，变化有鲲鹏

在成人的世界里，我们知道工作需要目标引领。孩子的高中学习也是如此，需要一个略高于自己的成绩的大学作为引领。当然，高中阶段的孩子学习压力大，不能给孩子定过高的目标，以免徒增压力。在高三阶段，孩子要在老师的指导下找到一个保底的目标，这就是所谓的"底线思维"。保底目标是孩子勇敢前行的底气，也是孩子高考稳定发挥的力量源泉。但较高目标仍然是需要的，那是孩子冲一冲能够看到、踮一踮脚能够摸到的地方。家长不一定需要常常提及，但可在和孩子的聊天中慢慢渗透，给孩子留下一丝希望，给孩子正向的引领，暗示孩子"你有希望，你可以的"。这一丝希望，或许会引领孩子看到胜利的曙光。而我们就是在这一丝希望的引领下，把"北大"变成了可能。

又是一年九月，这是高中毕业的学子们远航的时刻。站在远去的孩子身后，看着他步伐坚定、意气风发，我们的心里百感交集。一路风景一行人，渐行渐去一路歌，蝉声渐消，荷香袅袅，好风凭借力，扬帆正当时！

TIPS

● 我们的感悟是：孩子成绩的提高，要坚定地立足于课堂40分钟。对于学校里学习的课本知识而言，试想，一周数学五至七节课，如果课堂听课质量不高，甚至放弃课堂，再牛的名师，也无法在周末用两三个小时给你补齐所有的知识。

● 日上三竿你却躺在床上大梦周公，要求孩子早起，要他如何做到呢？周末你躺在沙发上玩手机云游网络世界，在各种商圈左右逢源，孩子吃饭却靠点外卖，怎么要求孩子自觉奋斗呢？父母是孩子的榜样，你的一举一动都在无形之中影响着孩子，为孩子作出示范。

● 所谓"言传身教"，大多数家长能够做到"言传"，而"身教"却不了了之、不尽如人意。或许这就是许多天资聪颖的孩子虽有事业成功的家长，最后却误入歧途、碌碌无为的原因吧。

● 如果能和孩子同步读，或者阅读与孩子最近感兴趣的内容有关的书籍就更好了。这样亲子之间就有了更多的话题，不仅能够有效减少亲子之间的隔阂，减轻孩子青春期的逆反，而且能在交流的过程中更加了解孩子，更好地陪伴孩子。

● 常和孩子聊聊天，不一定聊学习，不一定聊志愿，不一定聊选科，天南地北、稀奇古怪的都可以聊。孩子长大了，不要追求一次把天聊透，更不要追求一定要把他说服。你很有可能说不服他，相反他在某些方面很有可能比你懂得多、懂得深。聊天要注意技巧、要掌握火候，不要把天聊"死"了。无话可说或不愿与你说才是最可怕的。

家长陪伴手记

21

我是怎样教育孩子的

👤 **执笔家长：** 夏荣杜

📇 **家长职业：** 服务业工作者

👤 **学生姓名：** 夏梓杰

🎓 **录取院系：** 元培学院

🏛 **毕业中学：** 广州市黄广中学

⭐ **获奖信息：** 第 33 届中国化学奥林匹克（初赛）一等奖

孩子今年被北大录取，圆了他的燕园梦。作为家长，我愿分享家庭教育中的几点体会，不一定全面，仅供大家参考。

一、抓住0～3岁的早教关键期

怎样看待早教？打个比方，早教好比是为计算机配置"硬件"，这台计算机的CPU、内存等硬件配置高不高，很大程度上取决于婴幼儿阶段的家庭教育，而孩子0～3岁时期的教育尤其重要，是3岁之后能不能很好开展家庭教育的基础，错过了是重大的损失。

德国著名的天才卡尔·威特认为，在人类的头脑中存在着"才能递减法则"。该法则的大意是：孩子出生后，只要身体发育正常，就具备多方面的潜在能力，但若不及时予以开拓、训练、巩固、提高，这种潜能就会迅速递减，直至消失。家长所要做的就是阻止这种潜能的递减。例如，据有关资料介绍，出生6个月的婴儿能够听到全部音域内的声音，但这种能力会逐渐下降。到了6岁，如果孩子一直只听我们属于中、低频频段的母语，对高频段的听觉能力就会慢慢消失了。这期间如果不经常听古典音乐、英语这类含丰富高频段声音的内容，孩子就会逐渐变得只对我们属于中、低频段的母语敏感。

因此，孩子在婴幼儿时期，家庭教育要将重点放在锻炼他的脑力上，从出生（或怀孕几个月）开始给予其各种有益的刺激（包括听觉、视觉、触觉、味觉各方面的刺激），即从提高其"硬件"配置着手。

二、早教阶段锻炼脑力的措施

1. 聆听古典音乐

提到音乐对智力的促进作用，很多幼教著作都有论及。我是从孩子出生起就让他聆听古典名曲的（也有施行胎教）。

我的具体做法是：选几首古典音乐，每天听1首、重复听2次。具体操作是：将同一首乐曲改为2个不同的文件名后刻录在一张CD上，这样在CD机上播放时就会自动播放2次。在光盘盘面上写上乐曲名，在墙上粘贴有8个粘钩，分别挂上8个光盘。每晚睡觉前播放一首曲（自动重复播放2次），不用要求孩子认真听，作为背景音乐即可。到孩子会走路时，跟他用玩游戏的方式由他自行取出播放，并由大人或孩子说出乐曲的名称；或由家长取出播放，由他听了后说出是哪首乐曲。

2. 聆听英美本土人士朗读的英语

从孩子出生起，我就选了若干几篇英美本土人士朗读的英文课文，每天让他听30分钟，也不用要求孩子认真听，作为背景声音即可。不用管孩子是否能记住内容，目的是让他的听觉能力保持在可聆听的音域范围内不下降。无论是聆听古典音乐还是聆听英文，须持续到孩子6岁以上。因为6岁前后，孩子大脑的发育就基本结束了，形成不可逆的状态。

聆听古典音乐或英文的原则是：乐曲、课文的数量不宜多，关键是每天重复，以促使大脑发生质的飞跃。

3. 速听训练

我是从孩子2岁起对他进行速听训练的，用的是《论语》的录音，用播放软件将语音分别设置为2倍、3倍、4倍的播放速度，然后按2倍速、原速、4倍速、3倍速的顺序循环播放，每种速度的录音各听1周至1个月，每天听15～30分钟。3倍速、4倍速的录音对我们一般的人来说是听不清什么内容的，但孩子从小训练后是可以听懂的。所以，在孩子还没听懂4倍速的录音之前，都不要求孩子认真听，可以作为背景声音每天听1次，只管一味地作为背景声音听，孩子听多了自然就听懂了。

我的孩子大约是从3岁开始听懂4倍速录音的《论语》的。当语速提高到3倍以上时，左脑已无法正确处理这些语音信息了，此时只能由右脑来处理这些高速信息，从而促使右脑的机能得到活化。到孩子能听懂4倍速录音这个水平时，家长可将任何需记忆的资料转成音频的形式，以3～4倍的播放速度让他听。初期可调至孩子能听懂90％的内容的速度，等到按此速度能完全听懂时，说明他可以适应更快的速度了，就再调快一级速度（仍以能听懂90％的内容为宜），以此类推，直到能听懂4倍速度的内容为止。

4. 蒙台梭利教具的使用

我大约是从孩子2岁开始使用蒙台梭利教具的，具体操作方法可详见蒙台梭利的有关书籍，蒙台梭利教具在网上可以购买到。

蒙台梭利教具对孩子将来学习理科方面的知识帮助很大，比如数学方面，它将抽象的数的概念，转化为实实在在的模型帮助孩子认知。孩子的头脑中建立了这些空间模型后，将来在学习理科科目时，头脑会自然而然地浮现出有关的空间模型，起到一定的帮助。

三、引导孩子读书、识字、学外语

1. 从小培养孩子对读书的兴趣

为了让孩子对读书产生兴趣，我从孩子出生不久，就经常拿着婴儿书念给他听，每天读同一本图画书给他听，反复多次读同一本图画书给孩子听的效果会比较好。平时，我经常带孩子去书店或图书馆，就像逛超市那样逛，不一定要买书或借书，主要让他接受书香的熏陶；有空时，我会坐在他的身旁看书，以此潜移默化地影响他。外出时，看到广告牌、路牌上比较显眼的文字、数字，我都一一告诉他。曾有多位孩子的妈妈、奶奶们觉得不可思议：孩子这么小，听得懂吗？事实上，坚持这样做，收获是很大的。每逢经过幼儿园、学校的门口，我都将校名一个字一个字地念给他听，并说："等你长大了，也要上幼儿园、上小学。在这里可以学到很多知识，可以认识很多小朋友，很好玩的。"当见到背着书包的小哥哥、小姐姐时，我跟他说："你看，小哥哥、小姐姐背着书包去上学多好玩，可以学到很多知识，你想不想长大后也跟他们一样？"这些思想灌输得多了，当他稍大看到背书包的小朋友，就很羡慕。

我还在客厅、房间、厨房、浴室、阳台都粘贴了红色和蓝色的最常用的词组，如爸爸妈妈、外婆外公、洗澡、前后左右、头眼眉鼻等，家具、电器上也将名称一一标上，每天指读给他听。刚开始，我们并不在意孩子是否听得懂这些，只管像"对牛弹琴"那样教他。后来，奇迹发生了，在孩子半岁多的时候，我们无意中说了某个词，他竟能往那个词的方向看。为了验证是否巧合，我们将粘贴的词一一说了，他都能用目光搜寻到相应的位置。当他会用手指指物时，他能立即指出相应的词。我们读报时，指着标题问他哪个是"东西南北"的"东"，哪个是"上下内外"的"内"等，他都能准确地指出。他刚学会走路时，喜欢在各个词之间跑来跑去指认。通过这样有意识的培养，孩子对书籍产生了浓厚的兴趣。

2. 尽早识记汉语词组

除了上面提到的从小培养孩子对书本的兴趣外，我还使用中文识字卡片，选择只有词组、不是单个字的那种卡片让孩子从几个月大时就开始识记。我建议：不要按老一辈人横撇竖捺学认字这样的方法教孩子，应该以整个词组为一个整体让他听发音以及看到这个词组即可。因为不到1岁的孩子的右脑是非常发达的，他记忆的机理跟一般成年人不同，他是将整个词组作为一幅图像输入大脑的。

孩子到3岁时，认识的常用字已有2000多个了，这对他上幼儿园到小学毕业这段时间博览群书帮助很大。到他上中学时，因为课程的任务较重，而且到这个年龄段的孩子还比较喜欢玩游戏，看课外书的时间就没那么多了。因此，我认为，幼儿园和小学阶段是阅读的黄金时期，要博览群书。在小学和中学，语文老师认为我孩子的语文基础知识相当好，这得益于孩子从小就学会认字，从小就可以自主阅读。关于学写字，有观点认为不宜早，因为在6岁之前，小孩的手腕的肌肉发育尚未成熟，太早学写字容易造成写字习惯不正确，以后无法纠正。

3. 尽早学习外语

据有关资料介绍，0～5岁是学习外语的重要时期，其中0～3岁是学习外语的零困难时期。除了前面提到的要让孩子从小聆听英美本土人士朗读的英语外，我还从孩子几个月开始让其识记英文单词卡片。同学习中文语组相同，英文单词也以整个词组为一个整体让他看到，而不是以单个字母的形式让他去记忆，这样采取图像式的记忆才能开发他的右脑机能。我比较推崇孩子从一开始学习英语就没有中文介入这种方式，比如学习apple这个单词，孩子看到的是苹果的实物图片和听到这单词的发音，避免了从英语翻译成中文、再从中文翻译成英语这个过程。

四、从小培养规则意识

我是从孩子1岁前开始结合日常生活向他灌输规则意识的。曾有一段时间，孩子对交通标志很感兴趣。带他外出乘车，我们多次向他说明：大家必须遵守交通规则，否则将会一团糟。由于感兴趣，每次遇到红灯，他总是提醒：红灯亮了。有一次过马路，我本想趁红灯刚亮且没有车辆经过时走过去，但孩子立即提醒我"红灯亮了"，我猛然想起必须做个好榜样，于是立即退回。乘公共汽车时，向他说明必须前门上车、后门下车；购物时，让他一起排队，并说明必须遵守这些规则，否则容易造成混乱。在日常生活中，我们常跟他事先约定游戏规则。如他想看电视时事先约定，现在是几时几分，到几时几分后必须关机。刚开始执行时，他不守规则，我立即关闭电源，任由他哭闹不予理睬，等他停止哭闹时才问他："哭够了没有？"他说："哭够了……"于是再跟他说明："你就算哭到第二天也是没有用的，因为我们说好了的就要遵守，要说到做到，这就叫一诺千金！"此情况上演了几次之后，他知道不守约定将会自讨没趣，于是都能按时关机。他每次按约定做了，我们都会称赞他是一个守信用的男子汉。

规则意识强了，他的自控能力也变强了，各项活动也能更顺利地进行。在外玩耍时，回家之前事先提醒他，再过几分钟就要回家了。晚上睡觉也是如此，让他先有个思想准备，不然他正玩得兴高采烈，突然中止会难以接受。要让孩子守信，做父母的必须做好榜样，答应他的事一定要做到。

到孩子上幼儿园的时候，我们经常向他灌输：爸爸妈妈的工作是上班、做家务等。你的工作呢，最基本的是好好学习，其次是做适当的家务和其他需要履行的职责。此时，我们和孩子关于学习、工作上的约定从口头约定渐渐过渡到成文的约定，若要更改条文是要经过大家一起商定的。同时我们向他强调，国家有国家的制度，学校有学校的制度，同理，家里也有家里的制度，自由是相对的，不存在没有约束的自由。让他明确职责所在，完成自己的工作是天经地义的。这样的好处是让他感觉是制度约束他而不是家长管束他，让他乐于接受，也能让他做事有据可依，能够自己对照检查。为了能让孩子对照检查自己的工作，我们还列了一张"工作检查卡"，将孩子日常该做的工作都列了出来，让他自己在完成的项目上打"√"。在做的过程中，我们一般不提醒，等到晚上规定时间一到，即逐项检查他的工作是否全部完成，以便培养他的自觉性。若他没完成当天的工作，就不能享受相应的权利。

此外，有一种"21天养成好习惯"的理论，我运用这个理论改正了孩子很多缺点。对于孩子的缺点，我们不跟他说大道理，因为说大道理了就会强化缺点；对于缺点宜弱化处理，能不提就不提，我们暗中设定一个目标，在一段时期内改变他的1～2个缺点，让他在不知不觉中改变。比如，他以前进小房间拿衣服后常不关灯。为此，我们把做到"出小房间即关灯"列为一项工作，若发现他走出小房间几分钟后仍没关灯即视为此项工作没完成。通过这样让他自我警醒，经过一段时间后，他自然就养成了出小房间即关灯的习惯。实践证明，经过21天养成的习惯还是不够稳定的，经过2～3个月一般就可以固定了。通过这样日复一日、年复一年的简单重复，让他管理自己的工作习惯成自然，并终身受益。

☀ *TIPS* :

● 平时，我经常带孩子去书店或图书馆，就像逛超市那样逛，不一定要买书或借书，主要让他接受书香的熏陶；有空时，我会坐在他的身旁看书，以此潜移默化地影响他。

● 我建议：不要按老一辈人横撇竖捺学认字这样的方法教孩子，应该以整个词组为一个整体让他听发音以及看到这个词组即可。因为不到1岁的孩子的右脑是非常发达的，他记忆的机理跟一般成年人不同，他是将整个词组作为一幅图像输入大脑的。

● 在日常生活中，我们常跟他事先约定游戏规则。……他每次按约定做了，我们都会称赞他是一个守信用的男子汉。

● 规则意识强了，他的自控能力也变强了，各项活动也能更顺利地进行。……要让孩子守信，做父母的必须做好榜样，答应他的事一定要做到。

● 对于孩子的缺点，我们不跟他说大道理，因为说大道理了就会强化缺点；对于缺点宜弱化处理，能不提就不提，我们暗中设定一个目标，在一段时期内改变他的1~2个缺点，让他在不知不觉中改变。

家长陪伴手记

22

正是仰望星空时

执笔家长： 郭社伟

家长职业： 公务员

学生姓名： 郭晟毓

录取院系： 元培学院

毕业中学： 北京十一学校

获奖情况：
- 2019 年、2020 年全国高中数学联合竞赛（北京市）二等奖
- 第 36 届全国中学生物理竞赛三等奖
- 第 37 届全国中学生物理竞赛（省级赛区）二等奖

北京大学对很多人来说是一个遥不可及的梦想。郭晟毓有幸走进燕园，我和爱人以及其他家族成员都感到十分光荣。

郭晟毓从小生活在职工家属大院，结识了一群来自五湖四海的朋友。他小学就读于大兴五小，五年级被人大附中的分校点招，六年级被十一学校"2+4"直升班录取，中小学期间一直成绩优异，多次在期中期末考试中位居年级榜首，是很多家长和同事眼中"别人家的孩子"。如今，孩子被北大元培学院录取，如愿走进了他最中意的大学，可以说孩子是十分幸运的。在这里，我们愿意分享培养孩子的点滴体会，也当作对孩子成长历程的一个阶段性小结。

回想郭晟毓的成长经历，大致可归纳为五个关键词：习惯、阅读、刻苦、历练、立志。

关键词一：习惯

但凡有人问我，培养孩子最大的秘诀是什么，我会毫不犹豫地说"培养好的习惯"。习惯是人生最好的老师，好习惯让孩子终身受益。孩子能取得今天的成绩，自然有诸多因素，但不得不说，其中关键的一点是他有一个当小学教师的妈妈，我经常戏称孩子有一个"终身家教"。

没有规矩不成方圆。看似不经意的培养，对孩子的习惯养成十分重要。爱人对孩子最大的影响是培养了他非常好的生活和学习习惯：吃饭时认真吃饭，学习时绝不分心，听课时绝不走神，做作业绝不马虎。当然，孩子也比较听话，不但听家长的话（只限于小学阶段），更听老师的话。孩子对老师要求做的任何一件事，必定会尽全力认真完成，特别是老师留的作业，从来都不打折，这也是他成绩优秀的一个秘诀。小学六年，爱人和孩子在同一所学校，有了这个便利条件，孩子都是在学校完成家庭作业才回家的，甚至周末的作业也都基本在学校完成，回家后就有非常充裕的时间进行课外阅读了。

关键词二：阅读

阅读是人生最大的财富，热爱阅读让孩子受用无穷。郭晟毓从小就非常爱阅读课外书，涉猎范围十分广泛。

在孩子小的时候，我们主要是进行引导，有意识地用各种图画书、故事书吸引他。等他长大一点，各类文学书籍他都没少看，尤其是对一些古诗文更是烂熟于心。记得有一次，孩子在家玩命地背起屈原的《离骚》，那可是天书啊，我问他为什么背这么难的书，他说要挑战一下自己的记忆力，竟然能一字不差地背下来。学校规定的背诵篇目，孩子会在假期里背会并且默写几遍，以便开学后有更多时间学习其他知识。小学阶段课业负担不重，他一有闲暇时间就会看各种各样的书，天文地理、人物传记、科幻小说，无所不包，他的阅读量可能早就超过我们这些大人了。有一段时间，他迷上了战争类书籍，关于第一次世界大战、第二次世界大战的书可没少看，而抗日战争史是他的最爱。

课外阅读对于提高孩子的知识量大有裨益。记得有一次，孩子参加"高思杯"综合素质能力测试，竟然以满分的成绩取得物理一等奖，当时他并没有专门学过任何物理方面的知识，这不得不归功于广泛的课外阅读。

大量阅读也助推孩子在写作上驾轻就熟，培养了他较好的文字功底。在中学时，他的很多习作经常被老师当作范文。孩子虽然是标准的"理工男"，但语文成绩也不差，真的是得益于阅读了。

关键词三：刻苦

刻苦是一个人最难能可贵的品质，勤奋好学是孩子走向成功的坚韧基石。"书山有路勤为径，学海无涯苦作舟。"对于这一代独生子女，最难培养的就是吃苦耐劳的品质。郭晟毓在这方面有时让大人都十分佩服。记得有一次，北京发生严重雾霾，学校放假5天。在这令人窒息的5天里，孩子竟以一种超乎寻常的刻苦全身心投入学习中，从早8点开始，一直学习到晚上10点，换作大人早就受不了了，而他却乐此不疲。

初一下学期期末考试，郭晟毓由于沉迷于游戏，导致考试成绩排在年级10名以外，对他产生了巨大刺激。为此，暑假期间，他主动上交手机，制订了严格的暑假学习计划，并按计划投入全面的学习中。全家自驾出游期间，孩子仍坚持按照自己的学习计划，带了一张小桌子，在车里继续埋头学习。晚上到了旅店，大人都累得睡着了，他仍能坚持学习到十一二点。这种状态一直持续了整个暑假，不间断学习了49天。这种刻苦精神和"钻牛角尖"劲儿，使得孩子一直保持非常好的学习状态。

关键词四：历练

不经历风雨，难以见彩虹。对于郭晟毓这批孩子，虽然成长经历难说有什么大的挫折，但着实也挺不容易。回想孩子成长的这18年，最大的历练莫过于高考了。经常有外地的家长说北京的孩子们考北大、清华易如反掌，但经历了北京高考的我们则是心有余悸，孩子付出的艰辛只有家长知晓。即使是北大、清华都向孩子伸来了橄榄枝，孩子的导师也说名校稳保，但家长和孩子无不处于莫名的紧张中。也可能是因为孩子一直是老师眼中的好学生、同学心目中的佼佼者，无端增添了几分压力吧。高考前很长一段时间，孩子的睡眠一直很差，情绪莫名紧张，在高考的4天中，有一个晚上他甚至根本没睡着。高考结束后，他对于成绩也没有信心，整天闷闷不乐。可以说，这一段时光是我们全家最难熬的日子，也是孩子遇到的最大的历练了。但这段历练也是难得的，至少在今后的路上再遇到类似的情况，孩子会泰然处之、轻松应对吧。高考前的那段日子，十一学校的老师们也给了孩子无微不至的关心和帮助，他们秉持个性化培养理念，对每一个孩子都付出最真心的关爱。他们不仅是孩子的良师，更是益友，陪伴孩子走过那段最艰辛的路。

关键词五：立志

在孩子成长过程中，如何培养孩子树立远大理想抱负、做对社会有用的人，是家长责无旁贷的责任。

郭晟毓是一个特别"佛系"的孩子，与人为善，性格内向，情感丰富，追求完美，心怀梦想，但不太擅于表达。平时，我们非常注重对孩子的时政教育，有意识培养他的家国情怀，让他在认真学习的同时，更要关心天下大事，关心百姓疾苦，树立正确的人生方向和价值追求。在十一学校举办成人礼时写给孩子的信中，我给他提了20个字的期望：享受当下，向往明天，拥抱快乐，心如蓝天，仰望星空。其中的一段话是这样写的：

你赶上了一个大时代，一个巨变的时代，一个可以大有作为的时代。不求你成为伟人，但愿你做一个对社会、对国家有点贡献的人。希望你一生为一个目标而来，为了中华民族伟大复兴。希望在不远的将来，你终将梦想成真。当那一天来临，你就可以来一场说走就走的人生大旅行，带着诗走向远方和未来！

也许，选择北大，选择元培，正是孩子实现梦想的起点。这盛世，也必将如我们所愿。

相信在北大这个广阔的舞台上，孩子将会拥有仰望星空的无数可能性。也希望孩子能在博雅塔前激扬青春意气，在未名湖畔挥洒拼搏汗水，用辛苦努力交上满意的人生答卷。

"长风借尔青云志，花红柳绿正当时。峻拔锋芒初显露，天降大任将于斯。"这是千里之外郭晟毓的姥姥发来的殷殷祝愿，希望孩子不辜负姥姥的期望，立志做一个对社会有用的人！

TIPS

● 没有规矩不成方圆。看似不经意的培养，对孩子的习惯养成十分重要。爱人对孩子最大的影响是培养了他非常好的生活和学习习惯：吃饭时认真吃饭，学习时绝不分心，听课时绝不走神，做作业绝不马虎。

● 在孩子小的时候，我们主要是进行引导，有意识地用各种图画书、故事书吸引他。等他长大一点，各类文学书籍他都没少看，尤其是对一些古诗文更是烂熟于心。

● 平时，我们非常注重对孩子的时政教育，有意识培养他的家国情怀，让他在认真学习的同时，更要多关心天下大事，关心百姓疾苦，树立正确的人生方向和价值追求。

"梦想北大丛书"简介

  "梦想北大丛书"是北京大学招生办公室从考取北大的新生及新生家长的应征稿件中精选的佳作，书中的文章讲述了学生学习成长以及家长教育孩子的故事，主要内容包括：真实而全面的成功求学经验、学习方法改善、备考经验指南、竞赛备战方法、负面情绪调节、成长经验分享等，为广大中学生及其家长提供了学习和教育方面可供借鉴的案例。为了保证本套丛书的质量和水平，北大招生办公室组建了丛书编委会，由校领导、北大知名教授、考试专家、招生专家、招办领导等组成。丛书由北大招生办公室组织编写，北大招生办公室主任担任主编。

  经过多年的出版和发行，这套丛书已经在全国基础教育领域有广泛的影响，受到很多学生和家长的欢迎。《中国教育报》、新华网、人民网、新浪网、腾讯网、中国教育新闻网等媒体都多次报道过这套丛书，全国各地媒体还发布了大量书讯、书评和内容连载。围绕本套丛书开展的系列分享讲座在全国各地中学成功举办，取得了良好的社会效果和广泛影响。

扫码了解丛书详情

扫码了解本系列更多图书